Ghanshyam Singh Birla
Vorwort von Dr. David Frawley

Dein Karma in der Hand

Die alte indische Kunst des Handlesens
Tor zur Selbsterkenntnis

WINDPFERD

Titel der Originalausgabe: *Destiny in the Palm of your Hand*
Erschienen bei Destiny Books Rochester, Vermont
Aus dem Amerikanischen übertragen von Martin Rometsch
Copyright der Originalausgabe © 2000 by Ghanshyam Singh Birla

Dieses Werk wurde vermittelt durch:
Literarische Agentur Thomas Schlick GmbH, 30827 Garbsen

1. Auflage 2003
© 2002 by Windpferd Verlagsgesellschaft mbH
Alle Rechte vorbehalten
Umschlaggestaltung: Marx Grafik & ArtWork
Lektorat: Eva-Maria Rhein
Gesamtherstellung: Schneelöwe, Aitrang
ISBN 3-89385-411-8

Printed in Germany

*Dieses Buch widme ich
meinem geliebten Gurudev Paramahansa Yoganandaji,
dessen Lehre meinen Glauben daran stärkte,
dass Selbsterforschung den Körper, den Geist und die Seele harmonisieren kann.*

Das Ziel des Menschen ist die völlige Befreiung vom Leid.

Swami Sri Yukteswar

Danksagungen

Es ist mir eine große Freude und Ehre, meinen Lesern *Dein Karma in der Hand* vorstellen zu dürfen. Es ist eine Einführung in die uralte vedische Kunst des Handlesens.

Mein Dank gilt vor allem meinen Schülern, Freunden und Kollegen Kathleen Keogh, der Vizepräsidentin des Palmistry Center, und ihrem Bruder Peter Keogh, dem Leiter meines Instituts, die mir geholfen haben, dieses Buch unter der Leitung der Cheflektorin Patricia Munro Conway, der ich sehr verpflichtet bin, zustande zu bringen.

Außerdem danke ich meiner Kollegin und Freundin Guylaine Valleé für die vielen Stunden, die sie damit verbrachte, Stoff für dieses Buch zu sammeln; Sophie Bisaillon für ihre wunderschönen Zeichnungen; Nazneen Wallis für die Durchsicht dieses Buches von der ersten bis zur letzten Seite; meinem geliebten Sohn Keero für sein vorzügliches Graphic Design in Zusammenarbeit mit Johanne Riopel, die zudem mein erstes Buch, *Love in the Palm of Your Hand*, ins Französische übersetzt hat.

Aufrichtig danken möchte ich auch Chandan Rugenius für seine ayurvedische Massage; Denise Parisé und Jacinthe Côté und Rémi Riverin dafür, dass sie „die Stellung hielten"; Marie-Claire Sauvé für ihre organisatorische Arbeit; Grace Macklin für ihr eifriges Schreiben; meiner liebevollen Frau Chanchala und Heather Flockhart für ihre köstliche vegetarische Küche; meiner schönen Tochter Rekha und meinem liebevollen Sohn Abhishekananda, die meine Termine genau überwachten; und allen meinen Freunden, Mitarbeitern und freiwilligen Helfern: Élyise Trépanier, Hélène Bergeron, Jacqueline Poirier, Huguette Allen, Francis Desjardins, Mary Stark, Pasquali Roberto und Dr. Geeta Sharma. Der Physikerin Tania Desjardins danke ich für die Einblicke in den Mikrokosmos des Universums. Dank auch an Colette Hemlin für ihren Beitrag zum „Magnetstift" und zusammen mit Mil Winter für ihre Rettung in letzter Stunde.

Zu besonderem Dank verpflichtet bin ich Dr. David Frawley, einem modernen Weisen, für sein tiefgründiges und aufschlussreiches Vorwort. Dankbar bin ich auch meinem Freund und Kollegen Dr. A. K. Bhattacharya, der mein Herz immer wieder mit seiner liebevollen Inspiration entzündet.

Meinem Verlag und seinen Mitarbeitern danke ich für ihre Unterstützung und Freundlichkeit. Und schließlich danke ich allen meinen Kunden, Schülern, Freunden und Angehörigen, die mir in den vergangenen Jahrzehnten ihre Hände für meine Studien zur Verfügung stellten und dadurch meine Bücher möglich machten.

Inhaltsverzeichnis

Vorwort

Die Kunst des Handlesens ist wohl nirgendwo auf der Welt höher entwickelt als in Indien, dem uralten Land der Spiritualität und der Mystik. Sie ist ein wesentlicher Bestandteil des Yoga und der Meditation, welche die indische Kultur schon immer geprägt haben. Die vedische Handdeutung, die Handlesekunst Indiens, ist eine subtile Wissenschaft und Kunst. Sie erforscht die vielen Rätsel unseres Karmas und Schicksals und gründet auf der Lehre der Veden, jener alten Yogaschriften, in denen große Weise die Geheimnisse unseres bewussten Universums enthüllen. Die vedische Handdeutung hilft uns, die Bedürfnisse und das Ziel unserer Seele zu verstehen, und weist gleichzeitig auf Ereignisse im äußeren Leben hin.

In Indien wird die Handlesekunst neben der Astrologie angewandt. Wenn ich erwähne, dass ich Jyotish (Astrologie) praktiziere, zeigen die Menschen mir sogleich ihre Hände. Die vedische Handdeutung und die vedische Astrologie sind eng verwandt. Das vedische System offenbart die erstaunliche Ähnlichkeit zwischen der Hand und dem Geburtshoroskop. Wie das Horoskop zeigt uns auch die Handfläche die Stärke oder Schwäche der Planeten. Hand und Horoskop sagen uns, welche Erfahrungen wir gemacht haben und was wir tun können, um planetare Einflüsse auszugleichen oder zu verbessern. Wenn wir sowohl die Hand als auch das Horoskop betrachten, sehen wir uns selbst aus doppeltem Blickwinkel, als würden wir waagrechte und senkrechte Linien kreuzen, um genaue Koordinaten zu ermitteln.

Die vedische Astrologie gewinnt im Westen rasch an Popularität und gilt heute als eines der genauesten und tiefgründigsten astrologischen Systeme. Sie verlangt viel mehr Berechnungen und Erwägungen als die westliche Astrologie und berücksichtigt unter anderem 27 Mondhäuser *(Nakshatras)* und ein komplexes Gefüge von planetaren Phasen *(Dashas)*. Insofern ist sie einzigartig. Als Präsident des Amerikanischen Rates für vedische Astrologie (ACVA) habe ich beobachtet, dass das Interesse an diesem Thema stetig zunimmt. Einst war die vedische Astrologie obskur und kaum bekannt; heute spielt sie unter Astrologen eine wichtige Rolle. Sie ermöglicht uns Einsichten in alle Lebensbereiche einschließlich Beruf, Beziehungen, Finanzen, Spiritualität sowie körperliche und seelische Gesundheit. Das gleiche gilt für die vedische Handdeutung, den umfassenden Leitfaden zur Selbsterkenntnis. In wenigen Jahren stieg die Zahl unserer Mitglieder von einer

Hand voll Leute auf fast fünfhundert. Viele Lehrer, auch aus Indien, haben in Kursen und auf Tagungen über vedische Astrologie gesprochen. Im Februar 2000 begegnete ich Ghanshyam Birla zum ersten Mal, als er auf unserem siebten internationalen Symposium über vedische Astrologie in Sedona sprach. Er nahm sich die Zeit, meine Hand zu betrachten und mit dem Hora-Horoskop (für den jetzigen Augenblick) sowie mit dem Geburtshoroskop zu vergleichen. Er machte mehrere wichtige und zutreffende Aussagen über mein Schicksal, und vor allem sprach er klar und schlüssig über die Merkmale meiner Hand, mein Horoskop und mein äußeres und inneres Leben. Er beherrschte sein Metier hervorragend, ging methodisch vor und verknüpfte seine Befunde mit der spirituellen Ebene.

Ghanshyam Birla gehört zu den größten Handlesern und Astrologen Indiens und der Welt und hat viele Jahre lang im Osten wie im Westen gearbeitet. Er verbindet die Handlesekunst mit der Astrologie und folgt damit einer ehrwürdigen vedischen Tradition, in der er seit seiner Kindheit gründlich ausgebildet wurde. Er ist sich des spirituellen Potentials jedes Menschen bewusst und weiß, welchen spirituellen Weg wir gehen müssen, um unsere innere Entwicklung zu fördern. Er kennt auch die Bedürfnisse und karmischen Zwänge, die wir nicht ignorieren dürfen und die erfüllt sein müssen, bevor wir darüber hinauswachsen können. Ghanshyam ist kein Wahrsager, sondern ein kluger Ratgeber, der das Beste für seine Klienten will und einen tiefen, dauerhaften Rapport mit ihnen herstellen kann. *Dein Karma in der Hand* ist nicht sein erstes Buch, sondern eines von vielen. Es ist das zweite Werk einer Trilogie über die Kunst des Handlesens und zeugt auch von seinen großen schriftstellerischen Fähigkeiten. Kein anderer Autor im Westen stellt die vedische Handdeutung so tiefgründig und dennoch verständlich dar. Die Hand ist ein Spiegel der Seele, und Ghanshyam Birla zeigt uns, wie wir das Spiegelbild unverzerrt sehen können. Das Buch ist systematisch angelegt, fast wie ein Kurs über das Thema, und es führt den Leser Schritt für Schritt zur praktischen Anwendung. Es enthält gute Illustrationen und nützliche Geschichten, die zentrale Aussagen unterstreichen und auf die persönliche Ebene bringen. Und vor allem weist Ghanshyam nach, dass die Handlesekunst eine dynamische Kunst ist, ein Teil des inneren und äußeren Lebens. Seiner Ansicht nach enthüllt die Hand nicht nur das festgelegte Karma, sondern auch unsere positive Vitalität, die unsere Zukunft gestalten kann. Das Schicksal ist keine schwere Last, die wir mit uns herumschleppen müssen, sondern eine schöpferische Kraft, die wir nutzen können, um tiefe Sehnsüchte zu erfüllen – für uns und für die ganze Menschheit. Die Handlinien ändern sich im Laufe der Zeit, und wir können bewusst darauf hinwirken, dass die Veränderungen positiv sind. Ghanshyam stellt eine umfassende und ganzheitliche Strategie vor, mit der wir unser Schicksal gestalten können. Insofern unterscheidet sich sein Verständnis von Handdeutung sehr von den dilettantischen „Voraussagen" anderer Handleser. Seine Analyse der Hand wirkt befreiend, und sie ist für jeden geeignet, der nach Selbsterkenntnis sucht. Ghanshyam führt die Handlesekunst aus dem Nebel des „Weissagens" heraus und ins Licht des ganzheitlichen Heilens, so dass sie alle Lebensbereiche erleuchten kann. Dieses Buch ist auch eine vorzügliche Einführung in die vedischen und yogischen Disziplinen, die mit der Handlesekunst und der Astrologie ihren Gipfel erreichen. Es zeigt uns, wie Yoga, Handlesekunst und Astrologie zusammenhängen, und wie wir mit ihrer Hilfe unseren Weg zu Gott – unserem wahren Selbst – zurückverfolgen können. Seine einfache und klare Darstellung ist bestechend. Ghanshyams Buch ist ein frischer Lufthauch im Vergleich zu den vielen verwirrenden, schwach geschriebenen Büchern über indische spirituelle Disziplinen. Er erspart es dem Leser, zahlreiche Texte dieser Art zu durchforsten, um ein Körnchen Weisheit zu finden. Stattdessen legt er uns alle Edelsteine der vedischen Handdeutung auf die Hand.

Dr. David Frawley (Vamadeva Shastri)
Präsident des Amerikanischen Rates für vedische Astrologie (ACVA)
Autor der Bücher *Das große Handbuch des Yoga und Ayurveda, Vom Geist des Ayurveda* und – mit Vasant Lad – *Die Ayurveda Pflanzenheilkunde*

Einführung

Dieses Buch erläutert in der Tradition der Veden, wie wir aus dem unendlichen Geist hervorgegangen sind, und wie wir unser Leben mit seiner unbegrenzten schöpferischen Energie erfüllen können. Das Buch befasst sich mit den esoterischen Aspekten der Handlesekunst und mit vergangenen Verhaltensmustern, die unsere Zukunft beeinflussen. Wir werden diese Muster erforschen, deuten und besprechen, wie wir unser Leben und unsere Zukunft ändern und vergangene Fehler gutmachen können. Letztlich liegt Ihre Zukunft also in Ihrer Hand!

Die Hände als Spiegelbild der Persönlichkeit

Wir alle wissen, dass kein Fingerabdruck einem anderen gleicht. Aber wir denken oft nicht daran, dass die ganze Hand einzigartige Linien aufweist. Diese Linien sind deshalb einmalig, weil alle Menschen ihre eigenen Erinnerungen, Hoffnungen und Charakterzüge haben. Da es einen erkennbaren Zusammenhang zwischen der Persönlichkeit, den Gedanken und den Erfahrungen einerseits und den Handlinien andererseits gibt, ist ein Handabdruck eine Art Unterschrift.

Die Linien ändern sich

Wenn die Persönlichkeit reift, setzen wir neue Prioritäten, und unsere Einstellungen, Tätigkeiten und Freundschaften ändern sich. Das spiegelt sich in den Handlinien wider. Wenn wir unsere Hände studieren, können wir uns selbst objektiv beurteilen. Dann ist es leichter, positive Entscheidungen im Beruf, im Umgang mit Menschen und in vielen anderen Lebensbereichen zu treffen. Wir machen weniger Fehler, und mit der Zeit werden alle diese Verbesserungen auch in den Händen sichtbar.

Vorbeugen oder Vorhersagen?

Handlesen bedeutet für viele Leute Wahrsagen. Diese Vorstellung beruht auf einem Missverständnis. Wir alle neigen zu einem bestimmten Verhalten. Wenn ein Mensch, den wir lieben, unser Vertrauen missbraucht, während wir jung sind, fällt es uns später schwer, einen Partner zu finden. Das Studium der Linien und Zeichen auf den Händen enthüllt, welche Verhaltensmuster sich als Reaktion auf solche alten Wunden herausgebildet haben. Wir müssen etwas unternehmen, damit diese Muster sich nicht ständig wiederholen.

Wenn wir die Bedeutung der Linien und Zeichen verstehen lernen, können wir die Trends in unserem Verhalten entziffern. Ein erfahrener Handleser kann auch wahrscheinliche Verhaltensweisen und künftige Ereignisse vorhersagen. Dank solcher Informationen können wir unsere Stärken und Potenziale nutzen und selbst entscheiden, wie wir unser Leben ändern.

Die Handdeutung macht vor allem deshalb soviel Spaß, weil sie uns lehrt, unseren freien Willen bewusster und wirksamer einzusetzen. Jedes Mal, wenn wir im Leben eine neue Richtung einschlagen, verändern sich auch die Linien und Zeichen auf den Händen. Darum ist jede Handdeutung anders. Ein professioneller Handleser hilft

seinen Klienten am besten, wenn er ihnen aufzeigt, wie gegenwärtige und vergangene Gedanken und Handlungen sie auf einen bestimmten Weg geführt haben. Gute Beratung, eigene Bemühungen und Geduld führen zu besseren Einstellungen und Verhaltensweisen. Und wenn wir anders denken und mit den neuen Verhaltensmustern vertraut werden, kommt dieser Wandel auch in den Linien und Zeichen und sogar in den Bergen (dem Unterhautgewebe) der Hände zum Ausdruck. Selbst Linien, die auf künftige Entwicklungen hinweisen, können sich ändern: Unterbrochene Linien können heil werden; Störlinien können schwächer werden oder verschwinden; neue Linien, die auf positive Trends schließen lassen, können erscheinen. Gewiss, tiefe Hauptlinien, die unbewusste Tendenzen symbolisieren, ändern sich langsamer; aber auch sie reagieren, wenn wir beharrlich bleiben.

Beispiele für Linien, die sich ändern

Larry arbeitete erfolgreich als Clown auf Partys. Da die Nachfrage zunahm, beschloss er, sich selbständig zu machen. Aber die Arbeit in der Öffentlichkeit machte ihn immer ängstlicher. Sein Lebensstil spiegelt

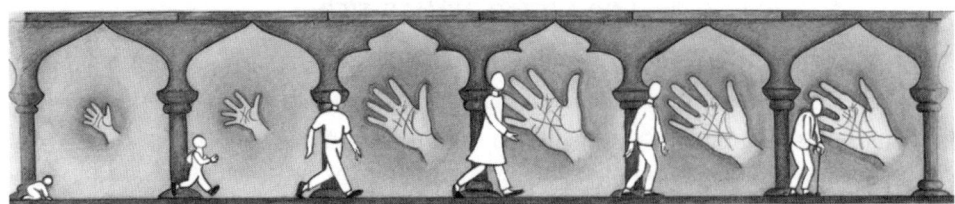

Die Handlinien entwickeln sich mit der Persönlichkeit.

sich in der Abbildung rechts oben wider: Wir sehen ein üppiges Netz aus sich kreuzenden Linien. Der Abdruck unten zeigt Larry achtzehn Monate später. Sein Geschäft blühte, er praktizierte Yoga und Meditation, und seine Einstellung zum Leben hatte sich geändert. Die Linienmuster auf den Händen zeigen, dass er jetzt weniger unter Stress steht.

Ivans erster Handabdruck wurde gemacht, als er das College besuchte. Damals war er ziemlich verwirrt. Trotzdem gelang ihm ein guter Abschluss, und darum sind auf seinem späteren Handabdruck klare Verbesserungen zu sehen.

Marcel, ein ehemaliger Vertreter, ist Rentner. Viele Jahre lang beschäftigte er sich mit den praktischen Belangen des Berufs und der Familie, und das Alter war für ihn eine wundervolle Gelegenheit, seine kreative Seite zu erforschen. Er belegte Kurse in Malerei und Bildhauerei. Seine Kopflinie und seine Merkurlinie spiegeln diesen Wandel wider.

Diese Fälle illustrieren, dass unser Schicksal nicht in Stein gemeißelt ist. Wir können unser Leben verbessern, wenn wir mehr über uns selbst wissen. Wir können uns und anderen helfen, die Vergangenheit zu verstehen, die Gegenwart zu bewältigen und die Zukunft so zu gestalten, dass sie das Beste in uns zum Vorschein bringt. Das ist unsere Herausforderung und zugleich unser Lohn, wenn wir die Handdeutung ernsthaft betreiben.

Die Geschichte von Kalidas

Es war einmal eine junge Prinzessin, die im ganzen Königreich wegen ihrer Klugheit gerühmt wurde. Als sie heiraten sollte, verschworen sich einige böse und neidische

Larry

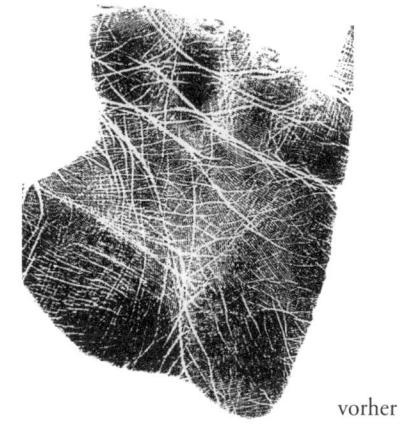

vorher

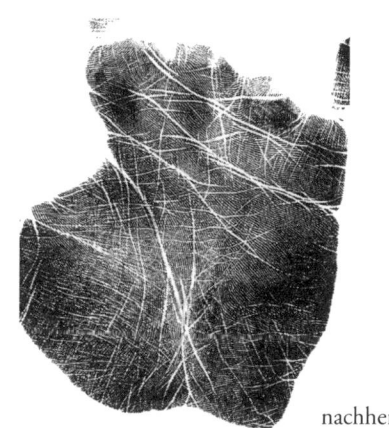

nachher

Der untere Abdruck mit seinen weniger verzweigten Linien zeigt, dass Larry Stress abgebaut hat.

Höflinge und beschlossen, den dümmsten Mann im ganzen Land zu ihrem Gemahl zu machen.

Sie suchten überall, und bald trafen sie einen Bauern, der einen Ast absägte. Er saß auf dem Ast, an dem er sägte – und zwar auf der Seite, die herabfallen würde – genau über einem tiefen Brunnen! Da freuten sich die Höflinge sehr: „Das ist der Richtige für unsere Prinzessin!"

Iwan

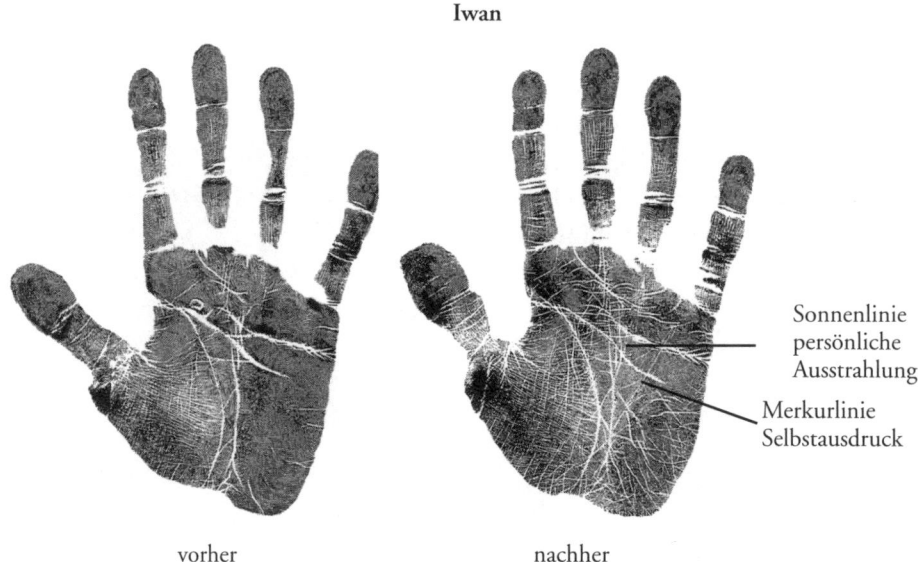

Sonnenlinie
persönliche
Ausstrahlung

Merkurlinie
Selbstausdruck

vorher   nachher

Die Merkurlinie (die Linie des Selbstausdrucks, benannt nach dem geflügelten Götterboten Merkur) zeigt, dass Iwan jetzt besser kommunizieren kann. Beachten Sie auch die neue Sonnenlinie, ein Indiz für eine stärkere Ausstrahlung.

Marcel

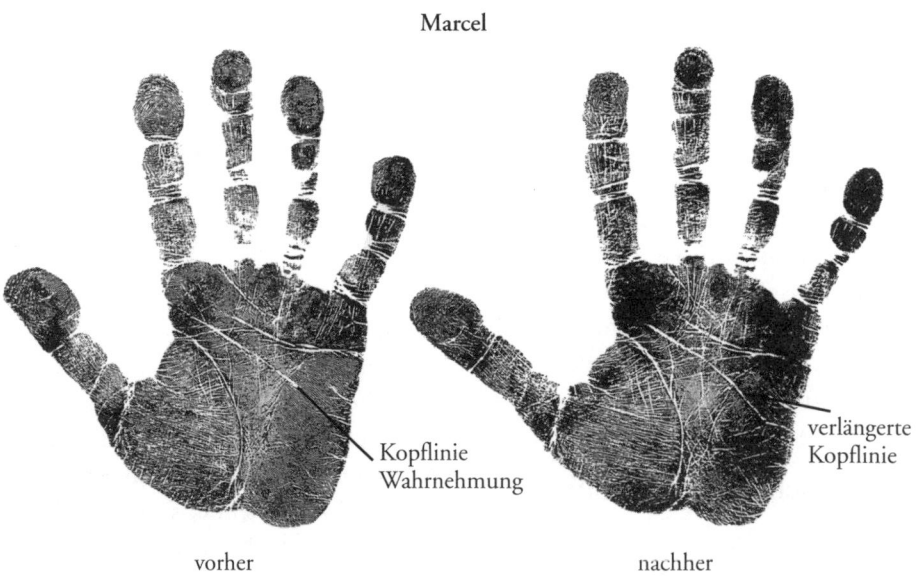

verlängerte
Kopflinie

Kopflinie
Wahrnehmung

vorher   nachher

Beachten Sie die verlängerte Kopflinie im zweiten Abdruck. Sie spiegelt Optimismus und den Glauben an die eigenen Fähigkeiten wider.

„Mein Herr", riefen sie im Chor, „bitte begebt euch herab, damit Ihr Euch nicht verletzt." Sie wollten den idealen Gemahl für die Prinzessin auf keinen Fall verlieren.

Nachdem sie der Prinzessin eingeredet hatten, ein würdiger Gatte sei gefunden, stellten sie ihr den Bewerber vor. Nach kurzer Verlobungszeit heirateten die beiden. Bald wurde der Prinzessin klar, dass ihr Gemahl nicht der Mann war, für den sie ihn gehalten hatte. Sie war sehr enttäuscht, weil sie kaum etwas mit ihm gemeinsam hatte. „Wir werden erst dann wieder miteinander reden", sagte sie, „wenn du fließend Sanskrit gelernt hast."

Kalidas, der weder lesen noch schreiben konnte, kehrte traurig und verwirrt zu dem Baum zurück, auf dem er gesessen hatte, als er den listigen Höflingen begegnet war. Der halb durchgesägte Ast hing immer noch am Baum. Jetzt erkannte er, wie töricht er gewesen war. Er kniete am Brunnen nieder und weinte. Wie sollte er jemals den Ansprüchen seiner Frau genügen?

Durch seine Tränen sah er eine Frau, die einen leeren Krug in den Brunnen hinabließ. Als sie ihn hinaufzog, glitt das Seil durch eine Rinne, die Tausende von Seilen im Laufe der Jahre in den Stein geschnitten hatten. „Wenn ein Seil Stein aushöhlen kann, dann kann ich auch neue Muster in meine Denkgewohnheiten schneiden!", dachte der Unglückliche. Er lernte fleißig und wurde mit der Zeit ein großer Gelehrter und Autor des *Abhijyan Shakuntalam*, eines berühmten Klassikers der Sanskrit-Literatur. So gewann er das Herz seiner Frau.

Diese Geschichte zeigt, dass wir unser Schicksal durch beharrliche Arbeit ändern können. Welche Schritte müssen wir unternehmen, um das zu erreichen?

Sieben Schritte zur Meisterung des Schicksals

Einerlei, welche Tendenzen wir haben, wir brauchen uns nicht ein Leben lang mit ihnen abzufinden. Wir haben einen freien Willen und können uns ändern. Wie gehen wir nun vor, wenn wir positive Änderungen bewirken wollen? Wir müssen geduldig und geschickt sein. Es dauert einige Zeit, bis bewusste Verhaltensänderungen ins Unbewusste sickern und zur Gewohnheit werden. Wenn Sie die folgenden sieben Schritte verstehen, können Sie Ihren freien Willen sinnvoll nutzen.

Atmung

Der Atem bringt die Gedanken hervor. Wir müssen atmen, um zu leben und um Ideen in die Tat umzusetzen. Wenn wir die Qualität und die Tiefe der Atmung steuern können, sind wir Herr des *Prana* – der subtilen Energie, die man auch Lebenskraft nennt.

Denken

Wenn wir tief und harmonisch atmen, wenn der Zyklus der Einatmung und Ausatmung mühelos abläuft, befinden wir uns in einem Zustand der inneren Ruhe, in dem wir klar und objektiv denken können. Wir konzentrieren uns besser auf den gegenwärtigen Augenblick, ohne die größeren Zusammenhänge aus dem Auge zu verlieren.

Handeln

Sobald wir fähig sind, klar über eine Situation oder ein Problem nachzudenken, wissen wir, was zu tun ist. Wir können unterscheiden zwischen dem, was wir wünschen, und dem, was wir brauchen. Wir wissen, was wirklich gut für uns ist.

Gewohnheit

Wenn wir positive Verhaltensmuster einüben, werden daraus Gewohnheiten. Das kostet anfangs einige Mühe, aber mit der Zeit wird das neue Verhalten zu unserer zweiten Natur.

Charakter

Gewohnheiten sind die Grundlage des Charakters. Wenn sich erwünschte Gewohnheiten erst einmal verfestigt haben, wird uns klar, dass unsere alten Tendenzen sich zu ändern beginnen.

Verhalten

Das Verhalten spiegelt die Veränderungen des Charakters wider. Andere nehmen uns als klüger und liebevoller wahr.

Umstände

Positive Einstellungen und Verhaltensweise verändern die äußeren Umstände des Le-

Die sieben Schritte zu einem harmonischen Leben.

bens. In den Beruf, die Beziehungen und das spirituelle Leben kehrt Harmonie ein.

Yoga-Atmung und vedische Handdeutung

Die richtige Atmung ist die Voraussetzung für Änderungen im Denken und Verhalten und somit auch für einen positiven Wandel in unserem Leben. Yoga legt großen Wert auf Atemtechniken, damit wir ein Gleichgewicht zwischen Einatmung und Ausatmung – also zwischen kühler und warmer Atmung – erreichen. Im Idealfall sollte die Einatmung gleich lang und tief sein wie die Ausatmung. Das *Prana* (in China *Chi* und in Japan *Ki* genannt) kann dann ungehindert fließen.

Die meisten Menschen wissen, wie hilfreich es ist, ein paar Mal tief zu atmen, wenn sie ängstlich oder verspannt sind oder Schmerzen haben. Tiefes Einatmen beruhigt uns, wenn wir aufgeregt sind, so dass der Geist imstande ist, sich von der Quelle des Unbehagens zu distanzieren. Als Reaktion auf Sorgen, Wut oder Enttäuschung seufzen wir, oder wir atmen kräftig aus – wir „lassen Dampf ab" und lindern zu große Hitze. In beiden Fällen bemühen wir uns bewusst um Ausgewogenheit zwischen Gefühl und Vernunft.

Wenn wir lernen, die Atmung zu harmonisieren, können wir auch günstige Bedingungen für positiven Wandel schaffen. Und mit der Zeit spiegeln diese Änderungen sich auch in den Händen wider.

1

Vedische Handdeutung

Die Veden, die ältesten heiligen Schriften der Hindus, sind eine Sammlung von Hymnen, Gebeten, liturgischen Sprüchen und Lehren über die höchste Wirklichkeit und die Befreiung der Seele. Das Wort *Veda* bedeutet im Sanskrit „Wissen".

Die vedische Handdeutung befasst sich mit der Struktur und den Zeichen der Hand. *Rishis* (Seher) glaubten einst an einen Zusammenhang zwischen den sichtbaren Merkmalen der Hand, dem Bewusstsein, dem Unbewussten und dem spirituellen Überbewusstsein. Darum ist die vedische Handdeutung auch eine Sprache, in der wir die Verbindung zwischen Körper, Seele und Geist ausdrücken können. Sie will uns helfen, Selbsterkenntnis zu erlangen.

Die goldene Ära der Handdeutung begann mit den Veden, den heiligen indischen Schriften.

Die in der Hand enthaltenen Informationen enthüllen unsere verborgenen Potenziale. Wir können lernen, innere Konflikte zu lösen, indem wir den Körper, die Seele und den Geist ins Gleichgewicht bringen. Wenn wir falsche Einstellungen überwinden, können wir unsere inneren Kraftquellen anzapfen.

Was wir durch die Handdeutung lernen, lässt sich in allen Lebensbereichen anwenden: im Beruf, in der Gesundheitsvorsorge, in der Eheberatung, bei persönlichen Meinungsverschiedenheiten und auf dem spirituellen Weg.

Das goldene Zeitalter der Handlesekunst

Die goldene Ära der Handdeutung als spirituelle Wissenschaft begann in Indien vor etwa 5000 Jahren mit den Veden. Man teilt diese heiligen Schriften in vier Bücher ein: Rig, Yajur, Sam und Atharva. Sri Aurobindo, ein großer indischer Meister und Veda-Gelehrter, erklärt den Ursprung der Veden so: „Die Sprache der Veden ist *Sruti,* ein Rhythmus, der nicht vom Verstand, sondern vom Herzen geschaffen wurde; ein göttliches Wort, das aus dem Unendlichen erklang und für den Menschen hörbar wurde, der für das unpersönliche Wissen bereit war."*

Um 800 v. Chr. wollten die alten Seher die Veden der ganzen Menschheit zugänglich machen. Darum übersetzten sie die Texte und schufen daraus sechs Zweige des Wissens, die man Vedangas (wörtlich „Glieder") nennt. Sie enthalten Ved Purusha, das

kosmische Individuum. Die sechs Zweige oder Glieder sind: *Shikksha* (Phonetik), *Kalpa* (Rituale), *Vyakaran* (Grammatik), *Nirukta* (Etymologie), *Chhandas* (Metrik) und *Jyotish* (Wissen von den Himmelskörpern). *Jyotish* symbolisiert das Auge der Veden und ist der „Herr des Lichts". Interessant ist, dass das Wort *Jyot* „Rat geben" bedeutet.

Jyotish untersucht demnach die Wirkungen des Lichts auf Menschen. Dazu gehören die Astronomie – die Wissenschaft von den Bewegungen der Himmelskörper – und die Astrologie, die erforscht, welchen Einfluss die Himmelskörper auf unser Leben haben. Die *Rishis* und Priester Indiens brauchten diese Wissenschaften, weil die vedischen Riten wirksamer waren, wenn sie zu günstigen Zeiten vorgenommen wurden, also unter dem Einfluss bestimmter Konstellationen. Später entstand der Glaube, dass die Himmelskörper nicht nur die vedischen Rituale beeinflussen, sondern alle Bereiche unseres individuellen und gemeinschaftlichen Lebens. Daraus entstand nach gründlichen Forschungen die Wissenschaft der Astrologie. Die beiden Wissenschaften *Nakshatra Vijyan* (Astronomie) und *Phalit Jyotish* (wahrsagende Astrologie) bildeten zusammen das *Jyotish.*

Die Literatur über *Jyotish* kann man in mehrere Gruppen einteilen, die einander ergänzen. Alle untersuchen, wie ein Wandel der makrokosmischen Energiemuster – z. B. Veränderungen der Planeten und Konstellationen – sich auf den Mikrokosmos auswirken, vor allem auf das Leben der Menschen. Wenn wir das verstehen, können wir unseren freien Willen nutzen, um positive Effekte zu verstärken und negative zu dämpfen.

---

* Harvey P. Alper, *Mantra;* Albany, N.Y.: State University of New York Press, 1989, S. 165

Ein Zweig des *Jyotish, Samhita Shastra* genannt, ist die Mathematik, mit der man günstige Zeiten für bestimmte Ereignisse berechnet. Einige Konstellationen sind zum Beispiel gut fürs Heiraten, für das Studium, die Aussaat oder die Ernte. Andere eignen sich für die Meditation, wichtige Geschäfte oder Verträge und so weiter.

Aus dem *Samhita* entstand *Angvidya,* die Lehre vom Zusammenhang zwischen Körperteilen und planetaren Einflüssen. Dazu gehört auch *Samudrik Shastra,* „der Ozean des Wissens", der sich mit allen Merkmalen des Körpers – einschließlich Größe, Form, Farbe, Textur, Linien, Zeichen und Male – als Indikatoren der Persönlichkeit und des Verhaltens befasst. *Samudrik Shastra* teilt man wiederum in drei Teile ein: *Mukh Shastra,* das Studium der Linien, Zeichen und Male des Gesichts; *Paad Shastra,* das Studium der Linien, Zeichen und Male der Füße; und *Hast Rekha Shastra,* das Studium der Linien, Zeichen und Male der Hände, auch Handlesekunst genannt.

Die Schriften, die sich mit der Erforschung der Hände beschäftigen, heißen *Hast Jyotish,* „Wissenschaft der Handdeutung". Ihr Ziel ist vor allem die Vorbeugung, nicht die Vorhersage.

Wenden wir uns nun einer der Grundideen der indischen Philosophie zu. Die *Rishis* lehrten, das Universum sei organisiert und strukturiert – es sei kein zufälliges, sinnloses Gebilde. In der gesamten Schöpfung, sowohl in Atomen als auch in Galaxien, entdecken wir ein gemeinsames Muster.

Die Schöpfung des Universums

Alle wissenschaftlichen oder metaphysischen Versuche, die Erschaffung des Universums zu erklären, gehen davon aus, dass das Eine sich geteilt hat. Die meisten modernen Wissenschaftler nehmen an, das Weltall mit seinen Galaxien, Sternen und Sonnensystemen sei durch eine gewaltige Energie-Explosion entstanden. Nach dem Alten Testament schuf Gott zuerst den Himmel und die Erde, das Licht und die Dunkelheit, Land und Wasser, Sonne und Mond, Pflanzen und Tiere und schließlich Männer und Frauen.

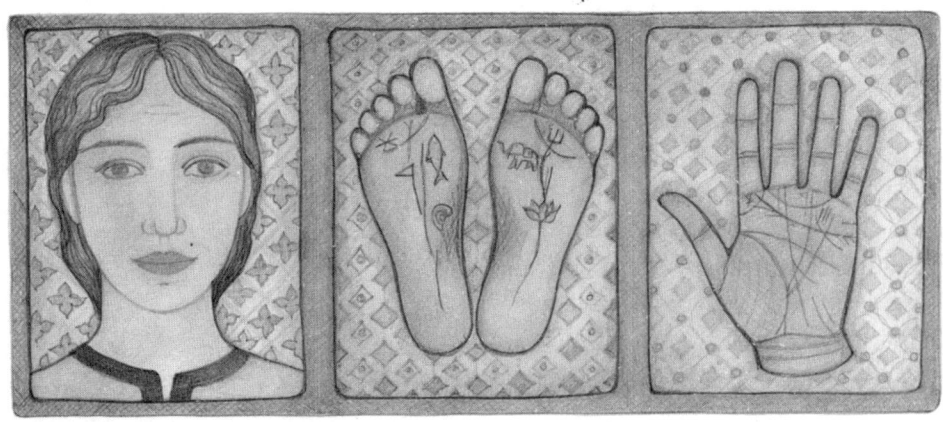

Samudrik Shastra wird in drei Zweige geteilt: Gesichts-, Fuß- und Handdeutung.

Die vedischen Wurzeln der Handdeutung

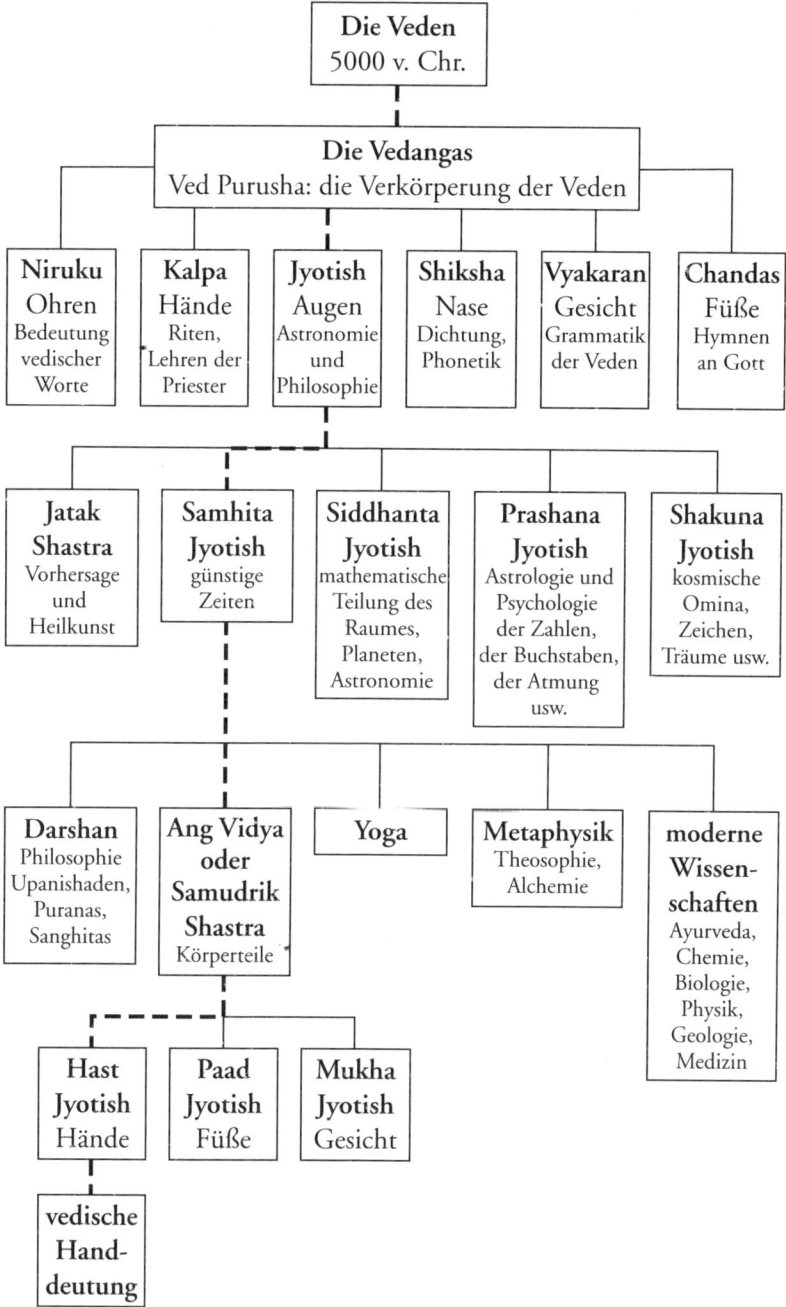

Die Veden
5000 v. Chr.

Die Vedangas
Ved Purusha: die Verkörperung der Veden

Niruku Ohren Bedeutung vedischer Worte	**Kalpa** Hände Riten, Lehren der Priester	**Jyotish** Augen Astronomie und Philosophie	**Shiksha** Nase Dichtung, Phonetik	**Vyakaran** Gesicht Grammatik der Veden	**Chandas** Füße Hymnen an Gott

Jatak Shastra Vorhersage und Heilkunst	**Samhita Jyotish** günstige Zeiten	**Siddhanta Jyotish** mathematische Teilung des Raumes, Planeten, Astronomie	**Prashana Jyotish** Astrologie und Psychologie der Zahlen, der Buchstaben, der Atmung usw.	**Shakuna Jyotish** kosmische Omina, Zeichen, Träume usw.

Darshan Philosophie Upanishaden, Puranas, Sanghitas	**Ang Vidya oder Samudrik Shastra** Körperteile	**Yoga**	**Metaphysik** Theosophie, Alchemie	**moderne Wissenschaften** Ayurveda, Chemie, Biologie, Physik, Geologie, Medizin

Hast Jyotish Hände	**Paad Jyotish** Füße	**Mukha Jyotish** Gesicht

vedische Handdeutung

Die gestrichelte Linie deutet die Entwicklung der Handdeutung von der vedischen Ära bis zu unserer Zeit an.

Das Universum ist organisiert und strukturiert, von der größten Galaxis bis zum kleinsten Atom.

In fast jedem wissenschaftlichen oder religiösen System erkennen wir ein Muster: Es gibt eine schöpferische Kraft (aktiv, männlich und positiv), eine empfangende Kraft (passiv, weiblich und negativ) sowie eine dynamische Kraft, die zwischen den beiden anderen schwingt und sie sowohl vereinigt als auch trennt.

Die Veden berichten, dass Gott, Purusha genannt, vor der Erschaffung des Kosmos als nicht manifeste, formlose Wesenheit existierte. Im Johannesevangelium heißt es: „Am Anfang war das Wort, und das Wort war bei Gott, und Gott war das Wort." Das Wort ist also sowohl von Gott getrennt (bei ihm) als auch mit ihm identisch (es ist Gott).

Die indischen Heiligen nahmen an, das Universum sei durch die Schwingung des Aum, des „Wortes", entstanden und eine dritte, neutrale Kraft halte die erkennbare Dualität von positiven und negativen Energien harmonisch zusammen.

Wir stellen uns unter Dualität meist zwei gegensätzliche Extreme vor: Licht und Dunkelheit, männlich und weiblich, heiß und kalt. Aber wie beschreiben wir den Punkt, an dem Wärme in Kälte, der Tag in die Nacht oder das Aktive in das Passive übergeht? In

der Regel schreiben wir diesen neutralen Punkt keinem der beiden Extreme zu. Für uns ist beispielsweise die Dämmerung eine Zeit zwischen Tag und Nacht, also weder Tag noch Nacht. Da sie jedoch beide Extreme berührt, enthält sie Elemente des Tages **und** der Nacht. Begriffe wie aktiv und passiv oder positiv und negativ haben ebenfalls ein neutrales Übergangsfeld, das weder aktiv noch passiv, weder positiv noch negativ ist – es existiert einfach. Neutral ist also die Kraft, die Gegensätze sowohl verbindet als auch trennt. Diese Resonanz zwischen den Gegensätzen ist die Lebenskraft des Kosmos. Die Idee der Dualität schließt somit die Idee der Dreiheit ein.

Die drei *Gunas* oder die drei Ebenen des Bewusstseins

Das höchste Wesen ist kreativ. Darum manifestierte es sich in Zeit und Raum. So schuf Gott oder das formlose höchste Wesen (Pa-

Die indischen Heiligen führten die Entstehung des Universums auf die Schwingung des Aum (des „Wortes") zurück.

rambrahma) das Universum und pflanzte mit *Prakriti* (Natur), seinem weiblichen Aspekt, die Saat der Schöpfung. Als die manifeste Natur geschaffen wurde, versetzte Parambrahma das göttliche Wort Aum in Schwingung und teilte sich in drei getrennte, aber einander ergänzende Aspekte, *Gunas* genannt: *Sattwa*, *Rajas* und *Tamas*.

Die drei *Gunas* sind die Bausteine der Schöpfung und mit der gesamten Natur verwoben. Alles im Kosmos wird vom Zusammenspiel dieser drei komplementären Fäden beeinflusst. Verkörpert werden die *Gunas* durch die hinduistische Trinität Brahma (der Schöpfer), Vishnu (der Erhalter) und Shiva (der Zerstörer).

Sattwa oder Brahma ist der Aspekt des Parambrahma in uns. Wir nennen diesen Teil Seele. *Tamas* steht für Shiva und ist die Kraft, die niederreißt und auflöst. Sie symbolisiert den Körper. *Rajas* oder Vishnu ist die bewahrende Kraft, der Geist im Sinne von Wahrnehmung, Denken und Verstand. Die vedischen Schriften erzählen, der Eine, nicht manifestierte Gott habe sich nach Liebe gesehnt. Darum spaltete er das Eine durch Shiva, den Zerstörer, in viele: in das manifeste Universum. Aus Parambrahma, der ursprünglichen harmonischen Dreiheit, entstand so die Dreiheit aus Körper, Seele und Geist. Damit die vielen das Eine erkennen können, vereinigt *Rajas* oder Vishnu die Sehnsucht nach Liebe, *Tamas* oder Shiva, mit dem Objekt der Liebe, *Sattwa* oder Brahma. Dieser harmonisierende Aspekt von *Rajas* heißt *Buddhi*, kritische Intelligenz.

Der universelle Magnetismus

Das metaphorische Gegenstück der physikalischen Theorie vom „großen Knall" ist die nicht manifestierte, allmächtige, schöpferische Intelligenz, deren Gedanken unsere dreidimensionale Wirklichkeit hervorbrachten. Diese kreative Intelligenz, der „Erste Beweger" oder Parambrahma, manifestierte sich im physikalischen Kosmos als zwei gegensätzliche Kräfte: Anziehung und Abstoßung, positiv und negativ, männlich und weiblich.

Die hinduistische Metaphysik betrachtet das Universum als gigantischen Magneten, den diese beiden Kräfte zusammenhalten. Alle Dinge – der Makrokosmos, der Mensch und die subatomaren Teilchen – besitzen die positiven und negativen Pole eines Magneten; und darum gibt es im Universum und in allem, was darinnen ist, einen zentralen Bereich, der weder positiv noch negativ ist, sondern neutral wie die ursprüngliche Quelle. Ein Magnet behält seine Pole und sein neutrales Zentrum auch dann, wenn wir ihn immer weiter teilen. Der neutrale Bereich befindet sich im Herzen aller Dinge.

Dieser dimensionslose Punkt ist die Quelle, aus der der Kosmos geschaffen wurde. Wenn der Sinn des Lebens darin besteht, dass wir die Dualität überwinden und mit der Quelle der Schöpfung eins werden, dann liegt es nahe, dass wir unser spirituelles Erbe erst dann erlangen, wenn wir die gegensätzlichen Pole verschmelzen und so den zentralen Punkt erreichen.

Die gleiche elektromagnetische Dynamik, die wir überall im Universum finden, spiegelt sich in den Händen wider. Wir alle sind Magneten: Wir ziehen Menschen und Ereignisse an oder stoßen sie ab. Jeder Mensch ist sowohl männlich als auch weiblich, jeder enthält Verstand und Gefühle, jeder ist Körper und Seele zugleich. Wir können unsere Dualität auflösen, wenn wir alle Gegensätze als Aspekte eines größeren Ganzen durchschauen.

Die drei *Gunas* entsprechen dem universellen Magnetismus. *Sattwa* ist eine positive, anziehende Energie, die ihren Ursprung, den formlosen Geist Gottes, sucht. *Tamas* ist eine negative, abstoßende Energie, die sich vom Ursprung trennen will. *Sattwa* und *Tamas* sind weder gut noch böse, sondern nichts weiter als Eigenschaften des höchsten Geistes, die sich in der dualistischen Realität manifestiert haben. Im Idealfall harmonisiert die neutrale Kraft *Rajas* – der dritte Aspekt der Dreiheit – die beiden Extreme und hält alle drei *Gunas* zusammen.

Die drei *Gunas* binden die unvergängliche Seele an den Körper. Wenn der Geist weiß, dass der Körper der Behälter der Seele ist, begreift er dank seiner Intelligenz die Wahrheit der Schöpfung: Körper, Seele und Geist sind eins. Als materielle Wesen verstehen wir unser höchstes Ziel nur auf der intuitiven, seelischen Ebene: Wir haben die Aufgabe, uns selbst als Geist zu erkennen, der zum Einen gehört. Die dynamische Resonanz, die als Folge dieser Integration entsteht, entspricht dem körperlichen Zustand der Ekstase, die im Osten *Samadhi* heißt – Einheit von Körper und Seele.

Wenn der Geist sich nur für unsere physikalische Natur interessiert, verlieren wir unsere Seele aus den Augen. Wir glauben an das illusionäre Ich und halten uns für Einzelwesen mit individuellen Zielen, Wünschen und Fähigkeiten. Der Geist ist dann nicht mehr Vermittler zwischen Körper und Seele, sondern erschafft sich seine eigene „Wirklichkeit". Die harmonische Bindung der drei *Gunas* lockert sich, und der Geist will seine Träume in der Welt der

Sinne wahr machen. Die materielle Welt wird für ihn wichtig: Bildung, ein guter Beruf, ein gemütliches Heim, Freunde und eine erfüllende Beziehung. Unsere Sehnsucht nach Liebe wendet sich nach außen, in die Welt hinein, nicht einwärts, zur Seele hin. Wir sind uns zwar der Dualität von Körper und Geist bewusst, haben aber vergessen, dass der Geist die Aufgabe hat, Körper, Seele und Geist zu integrieren.

Die Dynamik einer integrierten Trinität: Die Wünsche des Herzens erfüllen

Wenn die *Gunas* zusammenarbeiten, erleben wir sie auf jeder Ebene als vollkommen ausgewogenen Zustand des Seins, und wir empfinden grenzenlosen Frieden und unendliche Freude. Wir sind uns unseres göttlichen Ursprungs bewusst. Die beiden gegensätzlichen und destabilisierenden Extreme, die wir positiv und negativ nennen, werden in gewissem Sinne absorbiert oder neutralisiert. Auf der materiellen Ebene erfahren wir diese Neutralität als normale Körpertemperatur von 37° Celsius – weder heiß noch kalt. Wenn wir diese Nichtpolarität auf jeder Ebene – Körper, Seele und Geist – spüren, ist sie eine Art Umkehr des „großen Knalls", und wir alle werden letztlich eins.

Als das nicht manifestierte Parambrahma sich in die manifeste Trinität der drei *Gunas* teilte, wurden aus *Sattwa* die Sinnesorgane oder *Jnanendriyas*: Nase, Zunge, Augen, Haut und Ohren, also konkrete körperliche Merkmale. *Tamas* wurden zu den Objekten der Sinne, zu den fünf *Tanmatras*: Riechen, Schmecken, Sehen, Hören und

Tasten. Das sind abstrakte Ideen, die den körperlichen Merkmalen zugeordnet sind. Aus *Rajas* wurden Tätigkeiten oder *Karmendriyas*: Ausscheidung, Zeugung, Bewegung (Füße), manuelles Geschick (Hände) und Sprache. Hier handelt es sich um Prozesse, die es uns ermöglichen, das Abstrakte durch das Konkrete zu erkennen.

Die drei *Gunas Sattwa, Rajas* und *Tamas* bringen Harmonie hervor, wenn, wie Swami Sri Yukteswar sagt, „die negativen Eigenschaften von *Tamas* – die fünf *Tanmatras* – mit den positiven Eigenschaften von *Sattwa* – den *Jnanendriyas* – durch die neutralisierende Kraft der *Rajas*-Attribute – die *Karmendriyas* – vereinigt werden und so die Wünsche des Herzens erfüllen".*

Die drei Ebenen des Bewusstseins

Prakriti, die Natur, ist eine komplexe Kraft, die aus vielen Elementen besteht. Die schöpferische Schwingung des Aum bringt die *panchtattwas* hervor, die fünf kreativen Prinzipien: *Akasha* (Äther), *Vayu* (Luft), *tejas* (Feuer), *Appa* (Wasser) und *Kshiti* (feste Körper).

Die gesamte manifeste Schöpfung, auch der Mensch, existiert zunächst auf der kausalen Ebene. Diese Bewusstseinsebene ist von *Chitta*, der kosmischen Intelligenz durchdringen. Auf der kausalen Ebene gibt es zwar ein individuelles Bewusstsein, aber keine Trennung vom göttlichen Selbst. Unser freier Wille ist ein Schöpfungsakt. Die kritische Intelligenz *(Buddhi)* erkennt, dass

Die drei Bewusstseinsebenen (kausal, astral und physisch), dargestellt am Beispiel der Erfindung des Telefons durch Alexander Graham Bell.

---

* Swami Sri Yukteswar, *The Holy Science;* Los Angeles, Self-Realization Fellowship, 1978, S. 9

wir ein Teil des Einen sind. Das Ich *(Ahamkara)* als scheinbare Mitte der Persönlichkeit erkennt, dass wir Individuen sind.

Im Zustand des *Ahamkara*, des Ichs, haben wir die Wahl. Wir können unser individuelles Bewusstsein nutzen, um mit dem göttlichen Selbst verbunden zu bleiben. Dann nutzen wir *Buddhi*. Andererseits können wir uns auch für unabhängige, vom Einen getrennte Wesen halten. In diesem Fall akzeptiert *Manas*, der wahrnehmende Geist, die Illusion vom Anderssein, und wir entfernen uns weiter vom Zentrum und er-

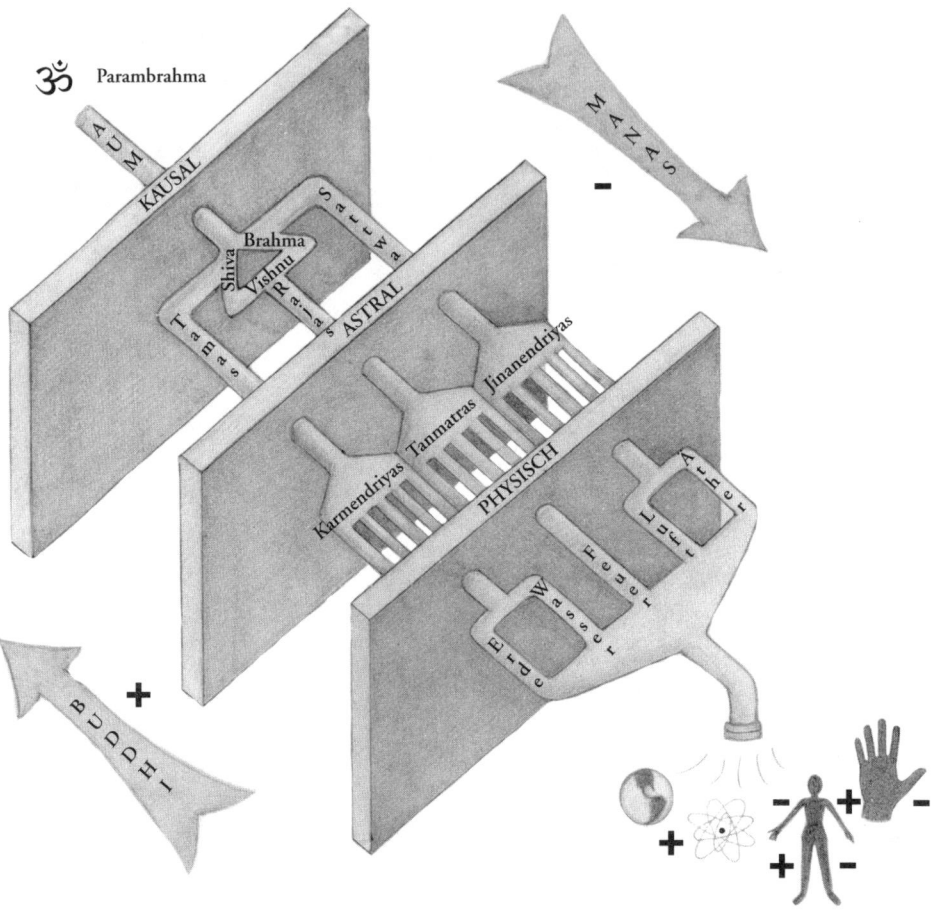

Dieses Diagramm zeigt den „großen Knall" aus dem Blickwinkel des Ostens. Vor der Schöpfung manifestierte Parambrahma (die eine, nicht manifeste Kraft) durch die Schwingung von Aum *die drei Welten: die kausale, astrale und die physische.* Manas, *der wahrnehmende und denkende Geist, entspricht dem nach außen gerichteten Impuls des großen Knalls. Diese Kraft ist eine Art Wellenbewegung, die uns vom Nicht-Manifesten weg- und zum Manifesten hinführt.* Buddhi, *die kritische Intelligenz, kehrt den Prozess um und vereinigt uns wieder mit dem Nicht-Manifesten – ein „umgekehrter großer Knall". Wenn wir unsere kritische Intelligenz benutzen, können wir das Unendliche in uns erkennen, noch während wir im materiellen Körper sind.*

reichen die astrale Ebene, die zweite Ebene des Bewusstseins.

Der Geist braucht Sinnesorgane, um seine Individualität zu erfahren. Das sind die Organe des Verlangens oder *Tanmatras*: Riechen, Schmecken, Sehen, Tasten und Hören. Hier handelt es sich um abstrakte Ideen, deren physische Gegenstücke Nase, Zunge, Augen, Haut und Ohren sind. Außerdem braucht der Geist Bewegungsorgane oder *Karmendriyas*, die Ausscheidung, Fortpflanzung, Gehen, Greifen und Sprechen ermöglichen. Das sind Aktivitäten oder Prozesse, die das Abstrakte durch das Konkrete erfahrbar machen. Weiter benötigt der Geist die *Jnanendriyas*, die physischen Organe der Wahrnehmung: Nase, Zunge, Augen, Haut und Ohren.

Die vier Kräfte der kausalen Ebene – *Chitta*, *Buddhi*, *Ahamkara* und *Manas* – sowie die fünfzehn Kräfte der astralen Ebene bringen die *Mahabhutas*, die Kräfte der materiellen Ebene, hervor: Äther, Luft, Feuer, Wasser und Erde.

Die drei Ebenen des Bewusstseins – kausal, astral und physisch – lassen sich beispielsweise an der Erfindung des Telefons durch Alexander Graham Bell veranschaulichen. Zuerst kam die Idee (kausale Ebene), mit weit entfernten Personen sprechen zu können. Die Idee veranlasste ihn zu wissenschaftlichen Forschungen, Gleichungen und Diagrammen (astrale Ebene). Zum Schluss schuf er das materielle Objekt (physische Ebene).

Das Maya-Konzept

Im täglichen Leben denken wir mehr an die materielle Ebene als an die astrale oder kausale. Wir betrachten uns als einzigartige, von anderen Menschen und von Gott getrennte Wesen. Nach der vedischen Lehre unterliegen wir hier einer Illusion namens

Im täglichen Leben sind wir uns meist der materiellen Ebene deutlicher bewusst als der astralen und kausalen.

maya. Je mehr wir außerhalb des Selbstes nach Glück, Bewusstheit und Wirklichkeit suchen, desto mehr entgleiten uns diese Ziele; denn wahres Glück, wahre Bewusstheit und wahre Realität ist nur im Unendlichen zu finden: im göttlichen Selbst, dessen Teil wir sind.

Der Sanskrit-Buchstabe Aum symbolisiert das Wechselspiel der drei gunas.

Das Symbol Aum

Wenn wir versuchen, die Erschaffung des Universums durch Gott zu beschreiben, dann besteht eine der Schwierigkeiten darin, dass wir auf unsere begrenzte Terminologie angewiesen sind. Darum verwenden die Veden das Symbol Aum, um den Schöpfungsprozess zu veranschaulichen.

Als die hinduistischen Weisen niederschrieben, wie sie Aum, das universelle „Lied" der Schöpfung, verstanden, schufen sie ein Symbol, das die Einheit und die Vielfalt der Schöpfung sowie die Beziehungen zwischen Schöpfer und Schöpfung illustriert. Dieses Symbol gilt als mikrokosmische Darstellung des Universums.

Der Sanskrit-Buchstabe Aum stellt das Wechselspiel der drei *Gunas* dar. Oben rechts sehen wir einen liegenden Bogen mit einem Punkt in der Mitte. Er symbolisiert Parambrahma, die nicht manifeste, ursprüngliche, schöpferische Quelle: das Eine oder Gott. Das Zeichen darunter deutet an, dass aus dem Einen viele wurden: das manifeste, physikalische Universum. Im Zentrum liegt der Same des Aum-Symbols. Von diesem Punkt gehen drei separate Linien aus: die Fäden der Energie oder des Bewusstseins, *Gunas* genannt. Die obere Linie ist gegen den Uhrzeigersinn gekrümmt und steht für *Sattwa*. Die untere krümmt sich im Uhrzeigersinn und symbolisiert *Tamas*. Die dritte Linie, das Symbol für *Rajas*, verläuft horizontal und entspringt an dem Punkt, der die beiden anderen vereint. Ihre Form spiegelt Parambrahma, den oberen Bogen, wider.

Manas:
Das geteilte Selbst

Was ich bisher beschrieben habe, ist der Zustand der Harmonie, symbolisiert durch die wechselseitige Verbindung der drei *Gunas* im Aum-Zeichen. Nach diesem Ideal strebt jeder Mensch. Wir erreichen es, wenn die kritische Intelligenz (*Buddhi*) unsere *tamasischen* Begierden transformiert, so dass wir *Sattwa*, unsere Seele erkennen.

Wir müssen ein Leben lang Entscheidungen treffen, die entweder die Harmonie in unserem Wesen fördern oder uns von unserer wahren Natur trennen. Wie unsere Entscheidungen ausfallen, hängt davon ab, wie wir unsere *Rajas*-Kraft nutzen. Wenn wir *Buddhi* erlauben, die *tamasischen* Begierden zu steuern, machen wir von *Rajas* optimalen Gebrauch. Der Geschmackssinn *(Tamas)* ist beispielsweise auf die Geschmacksknospen *(Sattwa)* angewiesen.

Wenn der Wunsch zu schmecken jedoch nicht von *Buddhi* gemäßigt wird, kann er zu Essstörungen oder Süchten führen.

Es ist verlockend, der Befriedigung unserer Begierden den Vorrang einzuräumen und darin ein Ziel an sich zu sehen. Wenn wir aber lernen, unsere sensorische Intelligenz weise zu gebrauchen, wird uns klar, dass unser größter Wunsch die Einheit mit der Seele ist. Wir erkennen intuitiv, dass die *tamasischen* Sehnsüchte – richtig gesteuert – uns zum Geist *(Sattwa)*, also zur Selbsterkenntnis führen können.

Wenn wir unsere *Rajas*-Kraft durch kluge Entscheidungen unter der Führung von *Buddhi* in die richtige Bahn lenken, befinden wir uns in einem Zustand der Harmonie. Andererseits geraten wir in einen Zustand der Disharmonie, der Trennung von der Seele, wenn wir die *Rajas*-Kraft durch falsche Entscheidungen *(Manas)* fehlleiten. Wer eine Entscheidung ohne *Buddhi* trifft, bildet sich Meinungen und zieht Schlüsse, die auf Vorurteilen, Ängsten oder Irrtümern beruhen. *Buddhi* veranlasst die Intuition, uns durch den Geist Informationen zu geben. Nur die Intuition, unsere innere Weisheit, gibt uns unfehlbare Ratschläge, wenn wir entscheiden müssen.

Der Weg nach Hause

Wir alle sehnen uns nach jemandem oder etwas außerhalb von uns. Die Familie, Freunde, die Gemeinde, der Beruf und unsere Kultur helfen uns verstehen, wer wir sind. Wenn wir einen geliebten Menschen verlieren, wenn wir umziehen und unser Freundeskreis sich auflöst, wenn wir einen neuen Beruf wählen, haben wir das Gefühl, ein

Wir müssen ein Leben lang Entscheidungen treffen. Diese fördern entweder die Harmonie in unserem Wesen oder trennen uns von unserer wahren Natur.

Stück von uns selbst verloren zu haben. Die Einsamkeit bietet uns jedoch die Chance, unser wahres Wesen zu erkennen. Anstatt von anderen zu erwarten, dass sie unseren instinktiven Wunsch nach Einheit erfüllen, sind wir gezwungen, in uns selbst zu suchen.

Dieses Gefühl, „selbst" von „anderen" getrennt zu sein, stellt sich ein, weil wir an die Dualität des Universums glauben. Wie wir bei der Erörterung der *Gunas* gesehen haben, ist diese Dualität aber eine Illusion: Es gibt einen Punkt, an dem das Selbst zum Anderen und das Andere zum Selbst wird. Dieser Mittelpunkt ist der Ort der größten Stille und der größten Macht. Wenn wir dieses Zentrum in uns finden, begreifen wir, dass nichts uns von geliebten Menschen trennen kann und dass wir mehr sind als ein Teil von etwas. Wir **sind** jene, die wir lieben, und sie **sind** wir. Wir können das höchste Wesen in uns erreichen, so dass die vielen zum Einen werden.

In der heutigen Welt wollen die Menschen unabhängig sein und ihre Individualität ausleben. Die Folge ist eine zunehmende Entfremdung. Unsere sozialen und politischen Strukturen werden dezentralisiert. Die Wirtschaft schwankt zwischen Rezession und Aufschwung, und alle Nationen versuchen, ihre politische oder religiöse Identität zu behaupten. Neue Techniken, die das Leben leichter machen sollen, zerstören die Bindungen zwischen den Menschen. Die meisten Menschen wechseln drei- bis sechsmal im Leben den Beruf. Sogar unsere Redensarten spiegeln unser Gefühl der Entfremdung wider. In einer Krise gerät jemand „außer sich" oder ist „nicht mehr der Alte". Wir fühlen uns verloren, abgeschnitten nicht nur von anderen, sondern auch von unserem wahren Wesen. Wir legen eine Pause ein,

um „uns selbst zu finden". Aber wo sollen wir suchen? Viele Menschen reisen oder halten nach neuen Freunden Ausschau; sie legen sich ein neues Hobby – oder einen neuen Partner – zu oder machen eine Therapie. Wir versuchen, unser Problem „da draußen" zu lösen, obwohl wir instinktiv wissen, dass es ein inneres Problem ist.

Warum helfen all diese Methoden nicht oder nur für kurze Zeit? Obwohl wir im Herzen und in der Seele eine Sehnsucht nach Einheit mit jemandem oder etwas spüren, hat der Intellekt die Illusion akzeptiert, dass wir von allen anderen getrennt sind. Wer religiös ist, hält Gott für ein fernes, ehrfurchtgebietendes Wesen, selbstverständlich außerhalb unseres sterblichen Ichs. Viele Religionen lehren ein Leben nach dem Tod als Lohn für die Frommen. Dann sollen wir unserem Schöpfer von Angesicht zu Angesicht gegenüberstehen. Die Veden lehren dagegen, dass wir nicht bis zum Tod warten müssen, sondern die Welt des Geistes oder der Seele noch in diesem Leben erreichen können.

Vedische Handdeutung: Das Aum in der Hand finden

Im Laufe der Jahrhunderte wurden viele Methoden entwickelt, die uns helfen sollen, Harmonie zu finden. Die Handlesekunst enthüllt durch die Zeichen auf der Hand, in welchem Umfang die Energien *Sattwa*, *Rajas* und *Tamas* in einem Menschen integriert sind.

Wie bereits erwähnt, ist der physische Körper nach östlicher Auffassung nur einer von drei Körpern. Er wird von einem zweiten Körper, dem Astralleib, durchdrungen, der höher und feiner schwingt. Dieser Astralleib ist die energetische Schablone, aus welcher der materielle Körper hervorgeht. Der dritte Körper, der kausale Leib, hat eine noch subtilere Frequenz als die beiden anderen. Er ist die wahre Grundlage unseres Seins, die ursprüngliche „Idee", nach der wir geschaffen wurden.

Wenn wir *Hast Jyotish* studieren und die Linien und Zeichen der Hand betrachten, sehen wir das Spiegelbild des astralen und kausalen Körpers im physischen Körper. *Rajas*, der Geist auf der astralen Ebene, ist die Schnittstelle zwischen *Sattwa*, der Seele auf der kausalen Ebene, und *Tamas*, dem Körper auf der materiellen Ebene. Er hat die Fähigkeit, die drei *Gunas* durch *Buddhi* zu vereinen. Dann sind Körper, Seele und Geist integriert, und wir werden ganz und fühlen uns harmonisch. Da die Handfläche alle unsere Erfahrungen, Einstellungen, Erinnerungen und Gedanken widerspiegelt, verrät uns ein Handabdruck, wie harmonisch (von *Buddhi* geprägt) oder unharmonisch (von *Manas* geprägt) unser Leben ist.

Im nächsten Kapitel befassen wir uns mit der Ausgewogenheit einiger Merkmale der Hand und überlegen uns, wie wir das fehlende Gleichgewicht herstellen können. Zunächst aber müssen wir alle Elemente kennen lernen, aus denen die Geographie der Hand besteht.

2
Die Geographie der Hand

Die drei Ebenen des Gewahrseins auf der Hand

Wir leben in einem elektromagnetischen Universum mit Atomen als Grundbausteinen. Als materielle Wesen wissen wird, dass wir ebenso aus Atomen bestehen wie alles andere im Kosmos. Atome sind im Allgemeinen stabil und elektrisch neutral, weil jedes Atom gleich viele (positiv geladene) Protonen wie (negativ geladene) Elektronen besitzt. Wir können das natürliche Gleichgewicht in den Mustern der Schöpfung mit einem Elektronenmikroskop, einem Teleskop oder dem bloßen Auge beobachten.

Das Prinzip des Gleichgewichts ist für alle lebenden Wesen fundamental. Missbildungen oder Krankheiten können allerdings ein chemisches Ungleichgewicht hervorrufen, das wir beseitigen können, wenn wir über ausreichende Kenntnisse verfügen.

Als Menschen sind wir mehr als die Summe unserer Teile, denn wir besitzen außer dem Körper auch eine Seele und einen Geist. Den Geist können wir denkend erforschen, und unsere spirituelle Natur können wir intuitiv erforschen. Allerdings neigen wir dazu, bestimmten Bestandteilen unseres Wesens Vorrang einzuräumen. Wir wählen zum Beispiel einen Politiker, weil er sich in den Medien gut präsentiert, nicht wegen seiner intellektuellen Fähigkeiten oder ethischen Grundsätze. Der zerstreute Wissenschaftler geht derart in seinen Theorien auf, dass er vergisst, zum Zahnarzt zu gehen oder eine Woche lang dieselben Socken trägt. Wer sich auf eine spirituelle Reise begibt, verliert vielleicht das Mitgefühl für andere, weil sie weniger erleuchtet sind. Diese Kurzsichtigkeit kann zu Missverständnissen in Beziehungen führen.

Wenn wir begreifen, dass der ideale Mensch ein harmonisches Ganzes aus Körper, Seele und Geist ist, haben wir den ersten Schritt zur Selbsterkenntnis geschafft. Wenn wir genügend harmonisch sind, können wir bewusste Entscheidungen über die Richtung unseres Lebens treffen. Da unsere wahre Natur harmonisch ist, können wir unseren freien Willen nutzen, um diese Harmonie wieder herzustellen.

Überall in der Natur – im Kosmos, im Sonnensystem, im Menschen und in den Atomen – finden wir die Attribute der drei gunas: Sattwa, Rajas und Tamas; kausal, astral und physisch; die Dreiheit aus Körper, Seele und Geist; Licht, Energie und Materie; die magnetischen Eigenschaften positiv, negativ und neutral.

Grundlage aller kleinen und großen Merkmale der Hand.

Um die Rolle der *Gunas* in der Handlesekunst zu illustrieren, können wir sie mit der Holographie vergleichen. Ein Hologramm ist ein von Lasern erzeugtes dreidimensionales Bild. Wird es in zwei Hälften geteilt, zeigen diese immer noch dasselbe Bild. Einerlei, wie oft wir das Bild teilen, das Ergebnis bleibt gleich: ein immer kleineres, aber vollständiges Bild.

Nun können wir uns auch das „Makrobild" als Fragment eines viel größeren Hologramms vorstellen. Das neue Makrobild

Drei Ebenen des Bewusstseins

Die meisten Menschen sind mit den Begriffen **bewusst** und **unbewusst** vertraut; sie spielen auf die Dualität Körper/Geist an. Wir können aber auch den Ausdruck **überbewusst** verwenden, um die Ebene der Seele zu benennen. In den hinduistischen Schriften werden diese drei Ebenen materiell, astral und kausal genannt. Die drei Ebenen des Bewusstseins entsprechen auch den drei gunas: Die kausale Ebene ist *Sattwa*, die astrale ist *Rajas*, und die materielle ist *Tamas*. Wie ausgewogen wir auf den einzelnen Ebenen sind, hängt vom Gleichgewicht der *Gunas* in unserem bewussten, unbewussten und überbewussten Wesen ab.

Die drei *Gunas*

In den heiligen Schriften der Hindus wird das Gleichgewicht zwischen Körper, Seele und Geist anhand der drei *Gunas* beschrieben. Die *Gunas* spiegeln sich auf allen Ebenen der Handdeutung wider und sind die

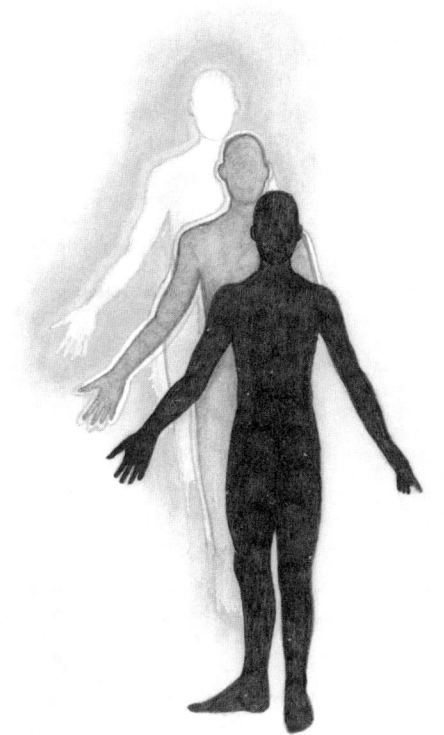

Nach der vedischen Literatur bestehen wir aus drei Körpern: einem kausalen, einem astralen und einem physischen Körper. Sie entsprechen Sattwa, Rajas und Tamas.

ist natürlich mit dem größeren Bild identisch, abgesehen von der Größe. Die „Makrohand" steht dann in einer ähnlichen Beziehung zum Körper, der die Dynamik der drei *Gunas* widerspiegelt. Mit dieser Analogie können wir die Wechselbeziehungen zwischen allen lebenden Wesen im Universum erklären. Entscheidend ist dabei unser Standpunkt, in der Handdeutung also die Hand.

Die Struktur der Hand

Die Handdeutung zeigt, wie die Dynamik der *Gunas* die Seele, den Geist und den Körper *(Sattwa, Rajas und Tamas)* auf der Hand harmonisiert. Der Geist *(Rajas)* steuert den Körper *(Tamas)*, damit er die edlen Aufgaben erfüllt, für die er geschaffen wurde. Der Körper ist ein Instrument, mit dem wir unsere karmischen Verpflichtungen einlö-

sen. Wir können entscheiden, ob wir den Weg der Seele *(Sattwa)* gehen oder unsere sinnlichen Wünsche *(Tamas)* befriedigen. Wenn wir die kritische Intelligenz *(Buddhi)* entscheiden lassen, entwickeln wir uns weiter. Entscheidungen, die auf Illusionen *(Manas)* gründen, verzögern hingegen das Wachstum.

Die meisten Menschen unterscheiden zwischen ihrem privaten und öffentlichen Leben. Am Arbeitsplatz verhalten wir uns meist so, wie es üblich ist. Ein Lehrling schreit seinen Chef nicht an, selbst wenn er sich über ihn ärgert. Das heißt nicht unbedingt, dass seine Entscheidung auf *Buddhi* beruht. Derselbe Mensch lässt sich vielleicht von seinem *Manas*-Anteil verführen und verbreitet Gerüchte über den Chef. Großzügigkeit und Höflichkeit im Beruf müssen also kein harmonisches Gemüt wi-

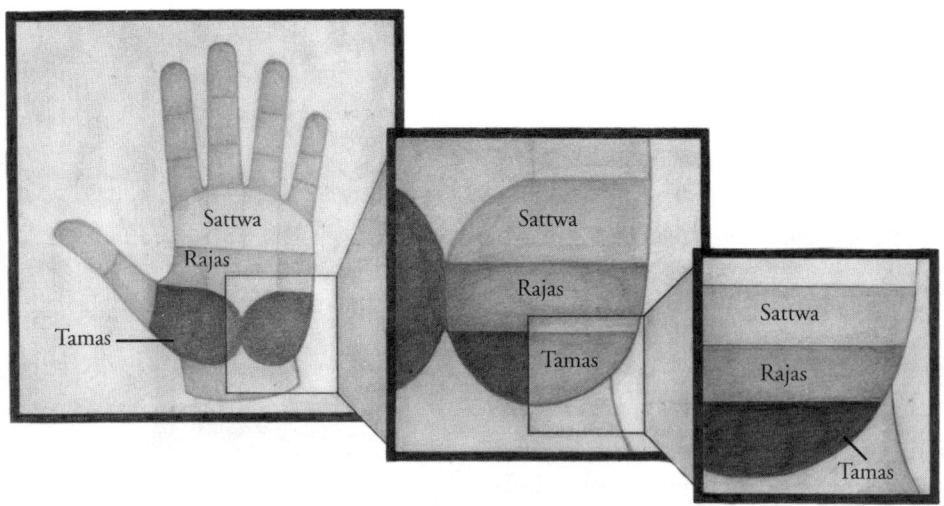

Wir können die Hand in kleinere Segmente einteilen, die Handfläche, Finger, Haupt- und Nebenlinien sowie Berge einschließen. Im Ganzen (in der Hand) und in den einzelnen Merkmalen sehen wir dann die Dynamik von Sattwa, Rajas *und* Tamas *am Werk.*

derspiegeln. Aufgeschlossenheit und liebevolle Zuwendung in der Familie lassen
schon eher auf unsere wahre Natur schließen.

Bestimmte Teile der Hand enthüllen tief
verwurzelte Charakterzüge und zeigen uns
somit, wie unsere Gedanken in diesem Leben und in vielen früheren Existenzen unsere Einstellungen und Umstände geformt
haben. Größere Ausgewogenheit der Handlinien deutet darauf hin, dass wir unsere
Instinkte beherrschen und auf die Bedürfnisse anderer Rücksicht nehmen, weil wir
im Geist eins sind.

Wir können die ganze Hand in kleinere Abschnitte einteilen. Dazu gehören die
Handfläche, die Haupt- und Nebenlinien
sowie die Berge. Hier kommt wieder die
Dynamik von *Sattwa, Rajas* und *Tamas* ins
Spiel. Die *Gunas* zeigen uns nämlich, wie
harmonisch unser Leben verläuft.

Die Hand als Ganzes symbolisiert unser
Auftreten in der Öffentlichkeit. Die Handfläche verrät, wie wir uns gerne verhalten
würden. Die Finger sagen uns, ob wir imstande sind, diese Absicht in die Tat umzusetzen.

Wenn die *Gunas* auf der ganzen Hand
ausgewogen sind, befinden sich das gesell-
schaftliche Ich, die innere Entschlossenheit
und deren Ausdruck im Gleichgewicht. Was
wir der Öffentlichkeit zeigen, ist ein getreu-
es Spiegelbild unseres wahren Ichs.

Die Hand als Spiegelbild des öffentlichen Ichs

Hast Jyotish lehrt, dass die Harmonie der drei
Gunas auf der Hand unser öffentliches Verhalten widerspiegelt. Die meisten Menschen
haben gelernt, sich zivilisiert zu benehmen,

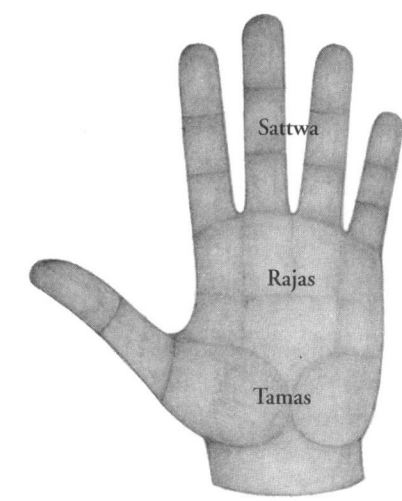

Nach Hast Jyotish *spiegelt die Harmonie der drei
Gunas auf der Hand unser Verhalten in der
Öffentlichkeit wider.*

und normalerweise schränken unsere Interaktionen mit der Öffentlichkeit unsere Freiheit oder Bequemlichkeit nicht sonderlich
ein. Im Supermarkt lassen wir zum Beispiel
einem Kunden den Vortritt, der nur eine
Kleinigkeit bezahlen will, während wir einen vollen Einkaufswagen haben. In diesem
Fall überwiegen die Vorteile unseres Verhaltens die Nachteile. Aber was ist, wenn dieser
Kunde seine Brieftasche und seinen Au-
toschlüssel verloren hat? Sind wir bereit, für
ihn zu zahlen und ihn nach Hause zu fahren? Vielleicht tun wir es, wenn wir vor kurzem viel Geld im Lotto gewonnen haben;
andernfalls zögern wir vermutlich, weil wir
an unsere eigenen Rechnungen denken.
Wenn wir großzügig sind, folgen wir unserem *Buddhi;* wenn wir nur an uns denken,
befriedigen wir unser *Manas* oder Ich.

Die Finger, der obere und der untere Teil
der Handfläche entsprechen *Sattwa, Rajas*
und Tamas.

Die Handfläche:
Ein Blick hinter die Kulissen

Die Handfläche enthüllt Denkmuster, die im Laufe vieler Existenzen das Verhalten und die Einstellungen geformt haben. Schon als Kinder lernen wir, mit anderen zu interagieren, und im Idealfall werden wir sozialisiert, das heißt wir benehmen uns so, wie die Sitten und Gebräuche es verlangen. Dieses soziale Training kann jedoch dazu führen, dass wir eine tiefer verwurzelte Denk- und Verhaltensweise verbergen. Doch gerade solche instinktiven und spontanen Reaktionen zeigen am besten, wie echt unser soziales Verhalten ist. Die Handfläche deckt also unser wahres Wesen auf.

Wie gut wir unsere Instinkte im Griff haben, verdeutlichen die *Gunas* auf der Handfläche. Angenommen, Sie laufen auf eine Straße, um ein Kind vor einem herannahenden Auto zu retten. In diesem Augenblick gefährden Sie sich selbst und setzen sich über Ihren Selbsterhaltungstrieb hinweg. Wenn Ihr instinktives Verhalten auch andere einschließt, anerkennen Sie die Einheit aller Seelen. Es besteht also Harmonie zwischen *Rajas*, der mentalen Ebene (Sie kümmern sich um ein Kind), *Sattwa*, der spirituellen Ebene (Sie begreifen, dass Sie und das Kind eins sind) sowie *Tamas*, der materiellen Ebene (Sie versuchen instinktiv, das Kind zu retten). Die *Gunas* sind ausgewogen, wenn wir gelernt haben, das Persönliche zugunsten des Unpersönlichen zu transzendieren. Wir lösen die dualistische Illusion auf, die das Selbst vom Ganzen trennt. Dieses Potenzial sehen wir in den Bereichen des Körpers, der Seele und des Geistes auf der Handfläche.

Die Handlesekunst teilt die Hand in drei Abschnitte ein, die die drei Ebenen des Bewusstseins symbolisieren. Der Jupiterberg, der Saturnberg, der Sonnenberg und der Merkurberg im oberen Drittel haben eine *Sattwa*-Natur. Der positive und der negative Marsberg, die in der Mitte der Hand an den Rahuberg grenzen, sind *Rajas*. Der Venusberg, der Mondberg und der Ketuberg im unteren Drittel sind *Tamas*. Diese Berge sind meist deutlicher ausgeprägt als die anderen.

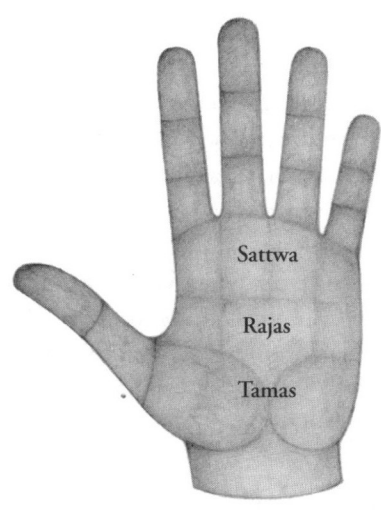

Die Ausgewogenheit zwischen den gunas *der Hand zeigt, ob wir unsere Instinkte im Griff haben.*

Die Finger:
Unsere Verbindung zur Welt

Sattwa, *Rajas* und *Tamas* spiegeln sich auf den drei Fingergliedern wider. Die Finger sind Kanäle, durch die wir bewusst ausdrücken, wer wir sind. Die Berge mit ihren Linien und Zeichen symbolisieren Gedanken, Ideen und Gefühle. Form und Position der Finger und Fingerglieder zeigen, wie gut wir Gedanken und Gefühle ausdrücken.

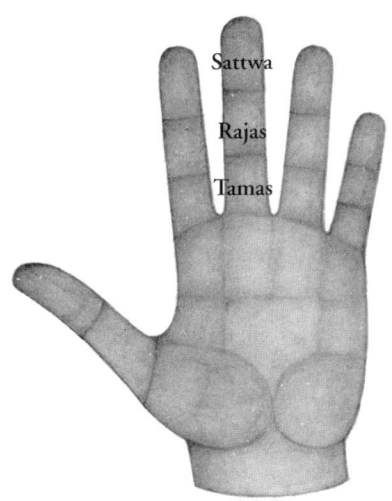

Sattwa

Rajas

Tamas

Die Ausgewogenheit zwischen den drei Finger-
gliedern Sattwa, Rajas *und* Tamas *zeigt, ob wir*
das Potenzial nutzen können, das die Hand
enthüllt.

Wenn die drei Fingerglieder ausgewogen
sind, besteht Harmonie zwischen dem Geist
(Rajas), dem Körper *(Tamas)* und der Seele
(Sattwa), und alles, was wir ausdrücken,
entspricht unserem wahren Wesen.

Eine Disharmonie zwischen den Fingergliedern enthüllt Widersprüche zwischen
dem bewussten Ausdruck (dem sichtbaren
Teil eines Eisbergs) und dem Unbewussten
(dem unsichtbaren Teil eines Eisbergs). Ein
neuer Bekannter, der einen freundlichen
Eindruck macht, kann sich beispielsweise
mit der Zeit als rachsüchtig entpuppen. Oft
zeigen wir unser wahres Gesicht erst unter
widrigen Umständen.

Die Fingerglieder

Die Finger spiegeln das Bewusstsein wider.
Die Handfläche enthält Berge, die unsere
tief verwurzelten, überbewussten Einstellungen widerspiegeln, während die Finger

verraten, wie wir mit der Energie der Berge
bewusst umgehen. Länge und Form der drei
Fingerglieder spiegeln unsere Fähigkeit wider, Potenziale zu nutzen. In den Fingern
befinden sich viele Nervenenden, die Informationen über die Stärke des Gehirns
liefern. Darum sagen uns die Finger, ob wir
verwirklichen können, was die Handfläche
verspricht.

Jeder Finger, außer dem Daumen, hat
drei Glieder. Jedes Fingerglied entspricht
einer der drei Ebenen: *Sattwa, Rajas* und
Tamas. Bestimmte Merkmale, etwa Form,
Breite und Länge, erlauben Rückschlüsse
darauf, ob diese drei Ebenen in unserem
Leben ausgewogen sind.

Das untere Fingerglied ist *Tamas.* Es zeigt,
ob der Körper eine ausreichende Grundlage
für unsere Pläne ist. Hier geht es um instinktives Verhalten: essen, schlafen, fortpflanzen
und so weiter.

Das mittlere Fingerglied ist *Rajas.* Von
ihm erfahren wir, inwieweit wir uns unserer
Umwelt bewusst sind und inwieweit wir uns
auf andere Menschen einstimmen können.

Das oberste Fingerglied ist *Sattwa.* Es
spiegelt Disziplin und Voraussicht wider und
sagt uns, ob wir unsere Energie produktiv
nutzen.

Ausgewogene Fingerglieder

Im Idealfall sind die drei Fingerglieder
gleich lang. Dann symbolisiert das untere
Glied die Fähigkeit, den Körper zu pflegen, ohne dass wir uns mit physischen Bedürfnissen und Begierden identifizieren.
Das obere Glied zeigt, dass wir unsere Energie positiv nutzen, und das mittlere Glied
bestätigt, dass wir uns unserer Rolle in der
Welt bewusst sind und sinnvoll mit anderen interagieren.

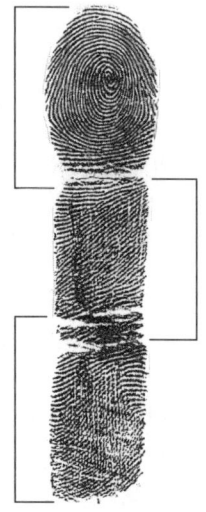

Ausgewogene Fingerglieder

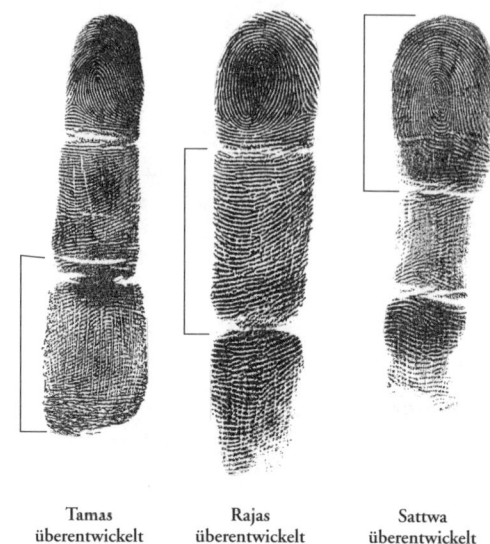

Tamas
überentwickelt

Rajas
überentwickelt

Sattwa
überentwickelt

Überentwickelte Fingerglieder

Wenn wir uns nicht um Harmonie zwischen den drei Ebenen bemühen, können wir das Potenzial, das der betreffende Finger aufzeigt, nicht verwirklichen.

Überentwickelte Fingerglieder

Ein überentwickeltes unteres Fingerglied enthüllt eine Neigung, körperliche Bedürfnisse höher zu bewerten als Produktivität und Dienst am Nächsten. Ein überentwickeltes mittleres Glied spricht für Menschlichkeit und manchmal sogar für Weisheit. Ein überentwickeltes oberes Glied steht für Selbstherrlichkeit und Egoismus.

Unterentwickelte Fingerglieder

Ein unterentwickeltes unteres Glied verrät eine Neigung, die körperlichen Bedürfnisse zu vernachlässigen. Wir müssen den Körper pflegen, damit wir konstruktiv leben können. Ein unterentwickeltes mittleres Glied zeigt, dass wir uns zu wenig um die Bedürfnisse unserer Mitmenschen kümmern. Da

Tamas
unterentwickelt

Rajas
unterentwickelt

Sattwa
unterentwickelt

Unterentwickelte Fingerglieder

die Fingerspitzen mehr Nervenenden enthalten, ist ein unterentwickeltes oberes Glied ein Indiz für defensives Verhalten. Außerdem weist es auf einen Mangel an Voraussicht,

Ausdauer und Disziplin hin. Wir müssen beharrlicher werden; dann können wir auch toleranter und geduldiger sein.

Zusammenhänge zwischen den Fingergliedern und den Tierkreiszeichen

Wenn wir den Daumen mit seinem Glied des Willens (oben) und seinem Glied der Logik (unten) weglassen, bestehen die restlichen vier Finger aus zwölf Gliedern, die jeweils einem Tierkreiszeichen zugeordnet sind. Widder, Stier und Zwillinge entsprechen *Tamas, Rajas* und *Sattwa* auf dem Merkurfinger. Die Reihe setzt sich fort mit Krebs, Löwe und Jungfrau auf dem Sonnenfinger. Auf dem Saturnfinger finden wir Waage, Skorpion und Schütze, auf dem Jupiterfinger Steinbock, Wassermann und Fische.

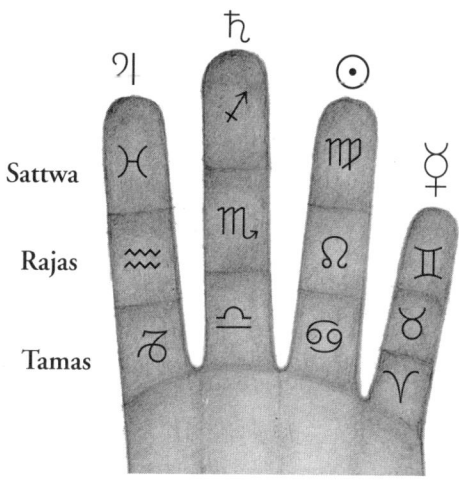

Sattwa

Rajas

Tamas

♃ Jupiter   ☉ Sonne

♄ Saturn   ☿ Merkur

Zeigefinger (Jupiter), Mittelfinger (Saturn), Ringfinger (Sonne) und kleiner Finger (Merkur)

Berge, Hauptlinien und Nebenlinien

Die Beziehungen zwischen Bergen, Hauptlinien und Nebenlinien verdeutlichen das Zusammenspiel der drei Ebenen des Bewusstseins. Innerhalb dieser Dynamik symbolisieren die Berge *Sattwa,* die Seele oder das Überbewusstsein, das Fundament unserer Existenz. Die Nebenlinien stehen für *Tamas,* das Ich oder das Bewusste. Die Hauptlinien sind Symbole des Unbewussten oder *Rajas.* Sie helfen uns, die Sprache des Überbewussten zu verstehen. Es ist wichtig, jedes dieser Merkmale im Zusammenhang mit den anderen zu deuten, nicht etwa als isoliertes Phänomen.

Sattwa, die intuitive Ebene der Seele, ist ohne Haupt- und Nebenlinien nicht zugänglich. Die Hauptlinien gelten als *Rajas* und ermöglichen die Wahrnehmung des Unbewussten auf der bewussten Ebene, ähnlich wie ein Dolmetscher ein Gespräch zwischen Menschen mit unterschiedlichen Sprachen vermittelt. Nebenlinien treten auf, wenn wir verstehen, dass es jenseits der instinktiven Ebene noch eine höhere Wirklichkeit gibt. Die intuitive Weisheit der Seele

(Sattwa) manifestiert sich auf der bewussten Ebene (Tamas), weil *Rajas* als Dolmetscher fungiert.

Wenn wir auf dem Weg zur Selbsterkenntnis ein Stück weiter sind, lernen wir, der Stimme unserer Seele zu lauschen. Diesen Fortschritt machen die feineren Formen der Berge und Linien sichtbar. Die Entwicklung dieses intuitiven sechsten Sinnes zeigt, dass wir lernen, *Sattwa, Rajas* und *Tamas* auf allen Ebenen des Bewusstseins zu integrieren.

Die Berge

Die Berge sind die fleischigen Polster auf der Handfläche. Sie symbolisieren das Fundament, auf dem die Linien den Fortschritt unseres individuellen Seelenbewusstseins *(Ahamkara)* in dieser Inkarnation festhalten. Das göttliche Licht – Gott – manifestiert sich in den Bergen der Hand, so wie sich reines Licht in den Farben des Regenbogens manifestiert. Die Veden lehren, dass jeder Berg mit einer Farbe verbunden ist und dass die Handfläche das gesamte Spektrum symbolisiert. Im Idealfall, wenn alle Lebensbereiche harmonisch sind, spiegeln wir das göttliche Licht wider.

Wenn wir uns immer wieder auf unser Überbewusstsein – die Verbindung zum Unendlichen – einstimmen, werden wir in uns selbst frei. Wir erkennen die unbegrenzten Möglichkeiten der Seele, wenn die Denkprozesse sie nicht mehr einengen. Diese spirituelle Seite unserer Natur müssen wir allerdings entwickeln, und zwar durch Entscheidungen, die auf *Buddhi* beruhen. Andernfalls spiegeln die Berge eine subjektive Sicht *(Manas)* des Universums wider, wobei das Ich im Zentrum steht und die Seele kein wachsendes Gewahrsein erfährt.

Die Ausgewogenheit eines Berges und aller Berge zusammen spricht für ein zunehmendes Wissen um die Einheit aller Seelen. Im folgenden Abschnitt beschreibe ich die ideale Ausformung jedes Berges.

Die evolutionäre Folge der Berge

Nach vedischer Lehre geht jede Seele aus dem Einen hervor und macht sich dann auf eine Reise, die viele Existenzen umfasst. So wie das göttliche Selbst sich nach Liebe

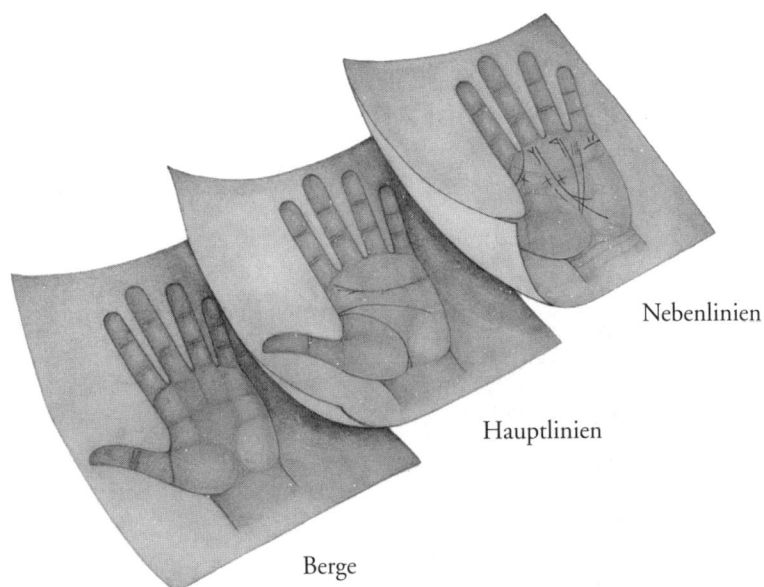

Nebenlinien

Hauptlinien

Berge

Das Zusammenspiel der drei Bewusstseinsebenen spiegelt sich in den Beziehungen zwischen Bergen, Hauptlinien und Nebenlinien wider.

sehnte, sehnen wir uns nach Rückkehr zum Einen. Wir können uns in jedem Leben weiterentwickeln und schließlich einen Punkt erreichen, an dem wir uns zwar als Individuen empfinden, aber nicht mehr voneinander und vom Einen getrennt sind. Wenn wir dieses Seelenbewusstsein erreicht haben, brauchen wir den Kreislauf der Wiedergeburten nicht mehr.

Es gibt sieben Berge, und jeder von ihnen ist einem astrologischen Planeten oder Mondknoten zugeordnet, der eine bestimmte Funktion oder einen Aspekt des evolutionären Lebenszyklus symbolisiert. Die Berge stehen sowohl für das spirituelle Wachstum als auch für einen einheitlichen Entwicklungsprozess, in dem jeder Schritt gleich wichtig ist. Wir können die Berge mit einem Kombinationsschloss vergleichen, das wir nur mit einer ganz bestimmten Ziffernfolge öffnen können.

Der Mondberg symbolisiert die Blaupause unseres Lebens, das vergangene In-karnationen und astrale Lehrer mitgeformt haben. Der Venusberg steht für die Form des materiellen Körpers. Beide Berge befinden sich im *Tamas*-Abschnitt der Hand.

Die beiden Marsberge spiegeln unsere autonome Existenz vom ersten Atemzug (negativer Marsberg) bis zum Tod (positiver Marsberg) wider. Diese Berge finden wir im *Rajas*-Bereich der Hand.

Die nächsten vier Berge – Jupiter, Saturn, Sonne und Merkur – liegen im *Sattwa*-Abschnitt. Der Jupiterberg zeigt, was wir vom Sinn unseres Lebens wissen. Der Saturnberg sagt uns, ob Erfahrungen und Selbsterforschung uns weiser machen. Die Energie des Saturns entspricht der Disziplin, die wir brauchen, um unser Schicksal zu erfüllen. Der Sonnenberg enthüllt, ob wir bereit sind, Wissen und Weisheit mit anderen zu teilen. Unsere Interaktionen mit anderen können öffentliche Aufmerksamkeit erregen und uns weltliche Erfolge einbringen. Der Merkurberg verrät, wie sehr wir am Erfolg oder Sta-

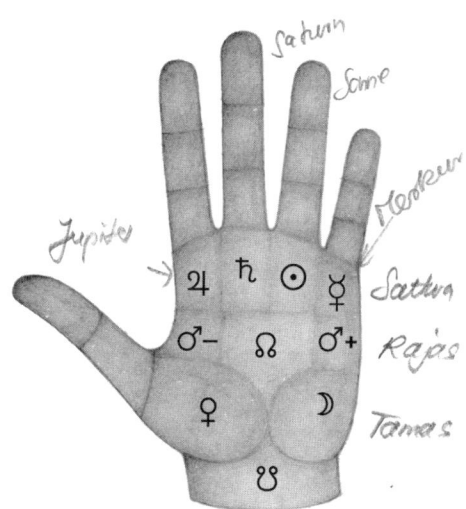

Berge sind fleischige Polster auf der Handfläche. Jeder Berg ist einem Planeten oder einem Mondknoten zugeordnet.

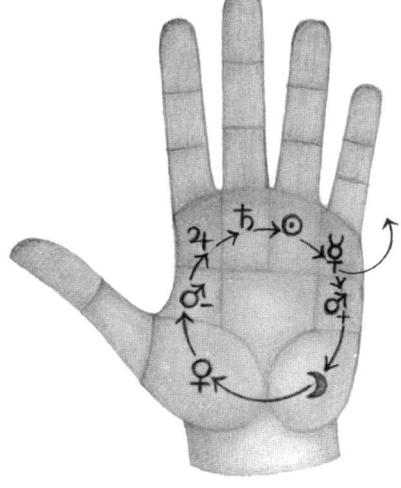

Es gibt sieben Berge, und jede seiner planetaren Entsprechungen symbolisiert eine bestimmte Funktion oder einen Aspekt des evolutionären Lebenszyklus.

tus haften. Der Merkur symbolisiert unsere Fähigkeit, vollkommen frei zu werden.

Spirituell hoch entwickelte Heilige und Yogis wissen, dass sie mit allen Dingen eins sind, und dass ihr Körper nur die materielle Manifestation des Geistes ist. Für sie ist der Tod nicht der letzte Atemzug, der letzte Herzschlag und der letzte Gedanke, sondern die totale Freiheit. Wenn der Körper stirbt, lösen sich alle Fesseln auf, die sie ans Materielle binden, und sie vereinigen sich mit dem Göttlichen. Eine Wiedergeburt ist dann möglicherweise nicht mehr notwendig. Im evolutionären Zyklus der Berge erkennt die spirituell fortgeschrittene Seele, dass sie sich auf der kausalen Ebene befindet; das spiegelt sich im Merkurberg wider. Sie erlebt den Tod nicht als Trennung, sondern als Metamorphose. Die Körper-Seele-Geist-Einheit wird zum reinen Geist.

Die meisten Menschen spüren jedoch nur gelegentlich, dass wir alle eins sind. Wir betrachten uns als getrennte Wesen, weil wir zwar den materiellen Körper, nicht aber den Geist unmittelbar wahrnehmen. Mit dem letzten Atemzug, dem letzten Gedanken und dem letzten Herzschlag, die sich im positiven Marsberg widerspiegeln, erfahren

wir den Tod als Verlust. Das Bewusstsein haftet immer noch an der physischen Existenz und hat daher Sehnsüchte, die nur in weiteren Inkarnationen erfüllt werden können. Also bleibt das Seelenbewusstsein auf der Astralebene, bis es bereit ist, erneut eine materielle Form anzunehmen.

Wenden wir uns nun den Merkmalen der einzelnen Berge zu im Hinblick auf ihre ausgewogenen, unterentwickelten und überentwickelten Charakteristika.

Mond

Im Sanskrit heißt der Mond Chandra. Der Mondberg symbolisiert die Schöpfung und Mutter Natur (Shakti). Er ist mit dem Denken und Wahrnehmen verbunden, also mit den Organen, die schmecken, tasten, sehen, hören und riechen. Wenn das Selbst sich durch die Sinnesorgane wahrnimmt, entsteht die Illusion vom separaten Ich. Der Mondberg ist also der mentale Aspekt von Shakti.

Die Form dieses Berges zeigt, wie wir die zahllosen Informationen filtern, die unsere Sinne übermitteln, und in welchem Umfang unsere Gedanken, Gefühle und Wahrnehmungen objektiv und klar oder subjektiv und wirr sind. Ein idealer Mondberg zeigt, dass

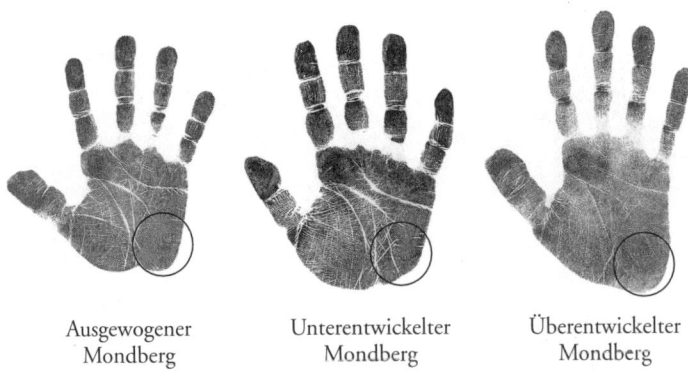

Ausgewogener   Unterentwickelter   Überentwickelter
Mondberg   Mondberg   Mondberg

Die drei Entwicklungsstufen des Mondberges

wir kreativ, fantasievoll und inspiriert sind und unsere Sinne nutzen, um andere zu fördern. Ein unterentwickelter Berg weist darauf hin, dass wir wenig Fantasie haben oder an imaginären Ängsten, Unsicherheit und Überempfindlichkeit leiden. Negatives Denken überschattet unsere Freude an der Schöpfung. Aber wir können lernen, positiv zu denken und die Schönheit jeden Augenblicks zu genießen.

Ein überentwickelter Mondberg enthüllt, dass wir ständig nach Sinnesreizen suchen. Wir achten wenig auf die Bedürfnisse anderer, weil wir vor allem mit unserer eigenen Erregung beschäftigt sind. Darum sollten wir uns bewusst anstrengen, unser Verlangen nach Sinnesreizen durch größeres Interesse am Glück anderer Menschen auszubalancieren.

Venus

Die Venus heißt im Sanskrit Shukra. Das bedeutet „hell", „strahlend" und „die Essenz der Dinge". Der Venusberg symbolisiert den materiellen Körper als Haus der Sinne. Nase, Zunge, Haut, Augen und Ohren sind die physischen Gegenstücke der Sinne, die der Venusberg anspricht. Der Ge-

schlechtstrieb, die Samenflüssigkeit und das Aussehen gehören ebenfalls zu diesen physischen Aspekten. Dieser Berg zeigt, ob wir den Körper verwenden, um uns weiterzuentwickeln und unsere karmischen Verpflichtungen zu erfüllen. Er sagt uns auch, ob wir imstande sind, bedingungslos zu lieben, also den Körper und die Sinne auf ideale Weise zu nutzen. Die Venus symbolisiert auch den Körper von Shakti.

Ein unterentwickelter Venusberg weist auf mangelnde Begeisterung oder Vitalität hin. Wir fühlen uns lustlos und stumpf. Wir müssen für den physischen Körper sorgen – durch gute Ernährung, Schlaf und Bewegung –, damit wir am Leben teilnehmen können. Ein überentwickelter Venusberg verrät, dass wir von körperlicher Lust besessen sind. Wir hängen zu sehr an schönen Kleidern, leckeren Speisen, materiellem Besitz und sexueller Befriedigung. Darum müssen wir nach Möglichkeiten suchen, andere zu unterstützen.

Mars

Es gibt zwei Marsberge auf der Hand: den positiven und den negativen, die zusammen Marsgalaxis genannt werden. Diese Gala-

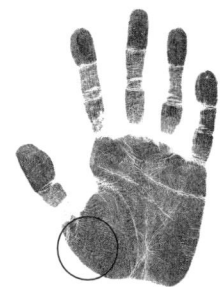 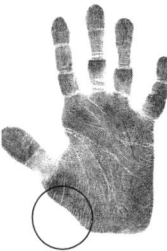 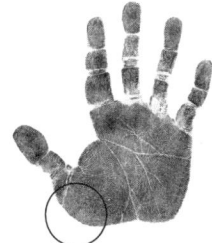

Ausgewogener   Unterentwickelter   Überentwickelter
Venusberg   Venusberg   Venusberg

Die drei Entwicklungsstufen des Venusberges

xis symbolisiert den Weg der Existenz. Im Sanskrit heißt der Mars Mangal, was „vielversprechender Anfang" bedeutet. Er ist das Symbol des ersten Atemzugs und des Selbsterhaltungstriebs. Die Marsgalaxis zeigt, ob wir das Leben vom ersten Atemzug (negativer Marsberg) bis zum letzten (positiver Marsberg) aktiv gestalten oder passiv hinnehmen.

Die Begriffe **positiv** und **negativ** sind hier kein Werturteil, sondern bezeichnen zwei Pole. Der positive Marsberg liegt auf der Handkante unterhalb des kleinen Fingers und gibt Auskunft über die mentale Kraft. Im Idealfall steht er für die Fähigkeit, nicht instinktiv, sondern unter allen Umständen ruhig und beherrscht zu reagieren. Den negativen Marsberg finden wir an der Daumenseite der Hand. Er sagt uns, ob unser Nervensystem die Schläge aushält, die das Leben ihm versetzt. Im Idealfall fördert die Energie des negativen Marsberges die guten Absichten, die der positive ausdrückt. Die Marsgalaxis symbolisiert den Krieger in uns, die Entschlossenheit, sich den Herausforderungen des Lebens zu stellen und dabei die Rechte anderer zu achten.

Eine unterentwickelte Marsgalaxis deutet darauf hin, dass wir uns zu leicht mit Niederlagen abfinden und nicht genug Ausdauer haben, um Hindernisse zu überwinden. Wenn wir uns realistische Ziele setzen und sie erreichen, können wir Energie aufbauen. So entwickeln wir Selbstvertrauen, Beharrlichkeit und Initiative. Eine überentwickelte Marsgalaxis ist ein Zeichen dafür, dass wir uns auf Kosten anderer durchsetzen wollen. Wir müssen unsere überschäumende Energie dämpfen, um die Initiative anderer Menschen nicht zu ersticken. Der Marsberg ist auch ein Symbol der Lebenskraft, der Energie in aller Materie. Energie ist mit Feuer vergleichbar: Wenn wir sie klug verwenden, gibt sie uns Kraft; wenn wir sie nicht im Griff haben, kann sie zerstören.

Jupiter

Brahaspati, der Sanskritname für Jupiter, bedeutet wörtlich „Guru aller Götter". Ein Guru ist „einer, der Dunkelheit vertreibt". Als erster Berg auf der Ebene *Sattwas* macht der Jupiterberg uns darauf aufmerksam, dass wir Teil eines größeren Ganzen sind und ein Ziel haben, das über bloße Selbsterhaltung hinausgeht. Wir haben zwar eine einzigartige Aufgabe innerhalb der Gesellschaft, aber wir sollen einander nicht bekämpfen, sondern ergänzen, damit wir die Illusion vom separaten Ich ablegen. Im Ide-

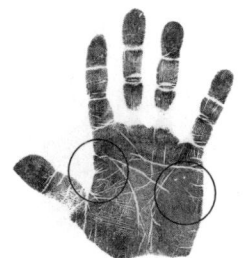 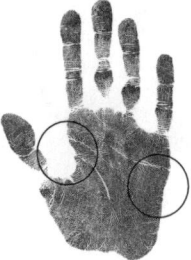 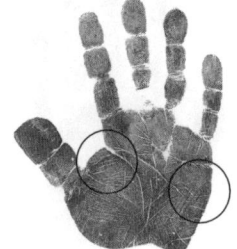

Ausgewogene Marsberge   Unterentwickelte Marsberge   Überentwickelte Marsberge

Die drei Entwicklungsstufen der Marsberge

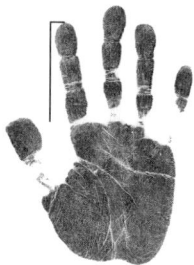
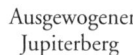
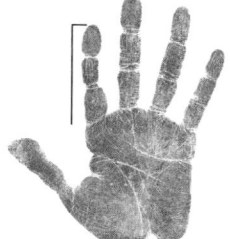
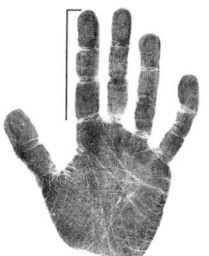

| Ausgewogener Jupiterberg | Unterentwickelter Jupiterberg | Überentwickelter Jupiterberg |

Die drei Entwicklungsstufen des Jupiterberges

alfall zeigt dieser Berg, dass wir nach dem Sinn unseres Lebens suchen, ohne die Achtung vor den Bedürfnissen und Wünschen anderer zu verlieren. Ein unterentwickelter Jupiterberg spricht daher für Ziellosigkeit, die Minderwertigkeitsgefühle auslösen kann. Wir müssen uns fragen, was wir im Leben erreichen wollen, oder uns bei der Suche nach dem Sinn helfen lassen. Ein überentwickelter Jupiterberg enthüllt, dass wir uns zu sehr mit unserer Rolle in der Gesellschaft identifizieren. Wir neigen zu Eitelkeit und Arroganz und versuchen, andere zu bevormunden. Die Folge ist, dass wir immer einsamer werden. Sobald uns klar wird, dass wir darauf angewiesen sind, von anderen akzeptiert zu werden, können

wir Respekt für uns selbst und für andere entwickeln.

Saturn

Der Saturnberg und der Saturnfinger liegen auf der Mittellinie der Hand, also auf der Ebene *Sattwas*. Im Sanskrit heißt der Saturn Shani. Dieses Wort ist von *shan* abgeleitet, was „still" oder „ruhig" bedeutet. Der Saturnberg wird manchmal „verborgener Segen" genannt. Aus ihm wächst der längste Finger, der als Barometer für Probleme gilt. Diese Probleme veranlassen uns zur Innenschau, weil wir Antworten, Kraft und Weisheit suchen.

Der Saturnberg symbolisiert die Wirbelsäule, die ihrerseits für innere Stärke und

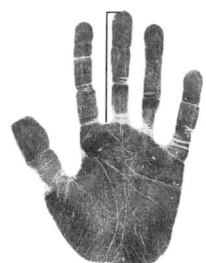
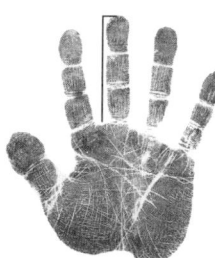
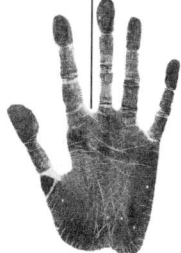

| Ausgewogener Saturnberg | Unterentwickelter Saturnberg | Überentwickelter Saturnberg |

Die drei Entwicklungsebenen des Saturnberges

Integrität steht. Berg und Finger zeigen, ob wir kluge Entscheidungen treffen und die Vernunft mit den Gefühlen in Einklang bringen können. Vermittler, Richter und Philosophen haben einen ausgeprägten Saturnberg, denn er ist ein Zeichen für die Fähigkeit, unter allen Umständen objektiv und ehrlich zu sein und die Wahrheit ohne Vorurteile zu erkennen. Solche Menschen planen ihr Leben gut und erreichen ihre Ziele durch Disziplin.

Ein unterentwickelter Saturnberg spricht gegen ein gutes Urteilsvermögen. Wir sind uns über die langfristigen Folgen unserer Worte und Taten nicht im Klaren. Darum müssen wir die Neigung zu impulsivem und gedankenlosem Verhalten überwinden. Überentwickelt ist der Saturnberg, wenn wir zurückgezogen leben, kühl und pessimistisch sind und Spontaneität vermissen lassen. In diesem Fall müssen wir aufhören zu grübeln und mitfühlender werden.

Sonne

Das Sanskritwort für Sonne ist Surya, „die Strahlende". Der Sonnenberg spiegelt Leidenschaft, Überzeugung, Mut und Kreativität wider. Im Idealfall zeigen der Sonnenberg und der Sonnenfinger, dass wir aus dem Herzen heraus handeln und spontan auf andere zugehen können, ohne an Lob oder Anerkennung zu denken. Dank unserer Leidenschaft wirken wir charismatisch und inspirieren andere, nach ihren Träumen zu leben.

Ein unterentwickelter Sonnenberg verrät, dass wir die Öffentlichkeit scheuen. Unsere Leidenschaft ist nicht stark genug, um die Angst vor dem Versagen zu überwinden. Wir müssen lernen, Risiken einzugehen, damit unser Selbstvertrauen zunimmt; dann können wir unsere Träume erfüllen. Die Sonne ist auch das Symbol von *atma*, der Seele. Darum kann ein Mensch mit überentwickeltem Sonnenberg sehr kreativ sein und dadurch berühmt werden. Seine starken Überzeugungen können jedoch dazu führen, dass er von sich selbst und von anderen zuviel erwartet. Missverständnisse und Enttäuschungen, aber auch Egozentrik können die Folge sein. Wenn alle Leute unser Genie rühmen, werden wir leicht hochmütig und verlieren die ursprüngliche Unschuld, der wir unseren Ruhm verdanken. Es besteht die Gefahr, dass wir unser Charisma dazu missbrauchen, andere zu manipulieren. Wir müssen also demütig bleiben und begreifen, dass unsere Ausstrah-

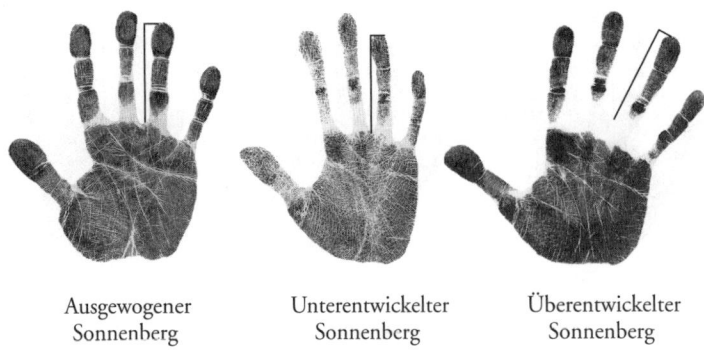

Ausgewogener   Unterentwickelter   Überentwickelter
Sonnenberg   Sonnenberg   Sonnenberg

Die drei Entwicklungsebenen des Sonnenberges

lung ein Geschenk ist, das wir mit anderen teilen sollten.

Merkur

Der Merkur heißt im Sanskrit Buddh. Er symbolisiert geistige Aktivität und Neugier. Wie Quecksilber (lat. mercurium) muss diese mentale Aktivität konzentriert und strukturiert werden: Wir müssen lernen, zwischen dem Angemessenen und dem Unnötigen zu unterscheiden.

Das Wort *Buddha* bedeutet „der Erleuchtete", und dieser Ehrentitel hat dieselbe Wurzel wie Buddh. Im Idealfall bestätigen der Merkurberg und der Merkurfinger, dass wir – wie der Buddha – Freude empfinden, weil wir erkannt haben, dass der Körper, die mentalen Prozesse und der Geist in Wirklichkeit die Einheit der Seele sind. Dank dieser Einsicht können wir uns mit Hilfe der kritischen Intelligenz *(Buddhi)* ganz auf den gegenwärtigen Augenblick konzentrieren. Wir sind imstande, durch Worte und Taten angemessen zu kommunizieren, ohne von Zweifeln oder Erwartungen abgelenkt zu werden.

Wenn wir uns allmählich mit der intuitiven Natur der Seele identifizieren und nicht mehr so sehr mit dem Intellekt des Ichs und dem körperlichen Verlangen, können wir uns anderen mühelos mitteilen. Wir haften weniger an Äußerlichkeiten und nehmen uns selbst nicht mehr so ernst. Wir werden geistreich, denken schneller und werden humorvoller. Vielleicht entwickeln wir sogar übersinnliche Fähigkeiten. Der Merkur symbolisiert außerdem die Fähigkeit, zu heilen und zu harmonisieren.

Ein unterentwickelter Merkurberg ist ein Indiz für Zurückhaltung, Naivität, mangelndes Interesse an der Umwelt und Scheu vor der Öffentlichkeit. Mangel an Neugier und Konzentration führt dazu, dass wir schlecht lernen und Einzelheiten nicht behalten können. Ruhe und Frieden sind uns sehr wichtig; aber wir dürfen deshalb nicht zum Einzelgänger werden.

Ein gut entwickelter Merkurberg zeigt, dass wir eine aktive Rolle in der Gesellschaft spielen, gut kommunizieren und Führungsaufgaben übernehmen können. Die öffentliche Anerkennung darf uns aber nicht zu Kopfe steigen. Ein überentwickelter Merkurberg lässt darauf schließen, dass wir zu sehr an der äußeren Welt hängen, und zwar auf Kosten der inneren Harmonie. Weil unser kritisches Urteilsvermögen schwach ist, hö-

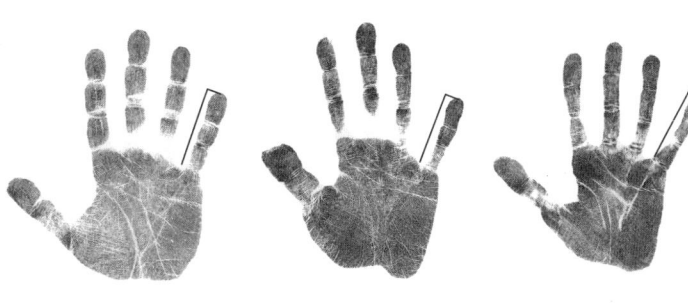

Ausgewogener Merkurberg   Unterentwickelter Merkurberg   Überentwickelter Merkurberg

Die drei Entwicklungsebenen des Merkurberges

ren wir auf Klatsch und Gerüchte und halten sie für die Wahrheit. Außerdem neigen wir dazu, unser Gewissen zu missachten, weil uns nur die Früchte unseres Handelns interessieren – wir lügen, täuschen oder stehlen, um zu bekommen, was wir haben wollen. Darum müssen wir uns am Buddha ein Beispiel nehmen, demütig werden und Gier überwinden.

Rahu und Ketu

Anders als die sieben Berge, die mit Himmelskörpern verbunden sind, sind Rahu und Ketu den Mondknoten zugeordnet. In der Handdeutung und in der Astrologie nennt man sie auch „Schattenplaneten". Es handelt sich um jene Punkte auf der Ekliptik, an denen der Mond die Umlaufbahn der Sonne kreuzt. An diesen Punkten können Finsternisse eintreten. Auf der Hand bleiben noch freie Stellen übrig, nachdem alle Berge ihren Platz eingenommen haben. Diese Stellen liegen einander gegenüber, und zwar dort, wo die Hauptlinien sich kreuzen. David Frawley schreibt in „Astrology of the Seers": „Sie zeigen, ob wir unsere solaren und lunaren Energien sozusagen kurzschließen können. Es sind also sehr empfindliche Punkte, die das gesamte planetare Kraftfeld beeinflussen können."[*] Rahu gibt Auskunft über die Gegenwart, Ketu über unsere vergangenen Existenzen.

Rahu

Rahu ist der Punkt, an dem der Mond die Ekliptik nach Norden kreuzt. In der vedischen Handdeutung ist er der „Drachenkopf" im Zentrum der Handfläche, dort wo die Kopflinie und die Schicksalslinie sich schneiden. Er wird begrenzt von den ande-

---

[*] David Frawley, *Astrology of the Seers;* Delhi, India: Motilal Banarsidass Publishers, 1990, S.102 (dt. Ausgabe ab 2004 bei Windpferd)

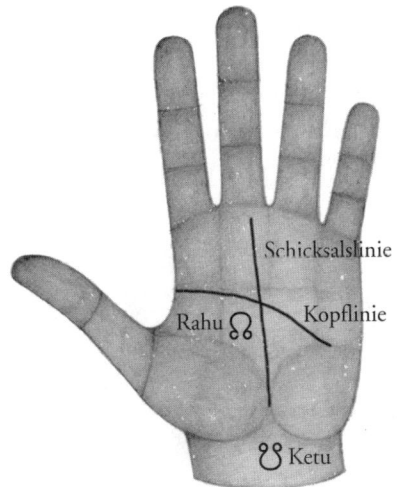

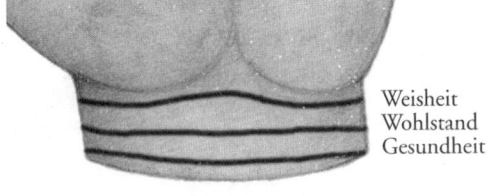

Rahu und Ketu liegen einander gegenüber. Rahu befindet sich in der Mitte der Handfläche, dort wo die Schicksalslinie und die Kopflinie sich kreuzen. Ketu liegt auf dem Handgelenk und schließt dessen Linien ein: Weisheit, Wohlstand und Gesundheit.

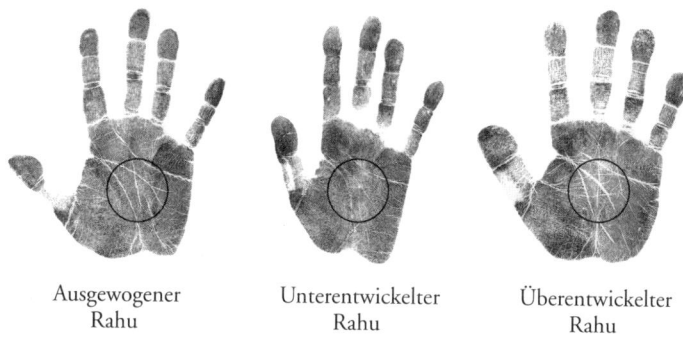

Ausgewogener   Unterentwickelter   Überentwickelter
Rahu   Rahu   Rahu

Die drei Entwicklungsebenen des Rahu

ren Bergen und ist eine Art Tal zwischen diesen. Im Idealfall bestätigt er, dass unsere derzeitige Umwelt für unsere Reise durchs Leben günstig ist. Ein unterentwickelter Rahu (eine zu tiefe Mulde) deutet darauf hin, dass die Umwelt uns überwältigt, so dass wir unsere Chancen nicht nutzen können und Hilfe bei anderen suchen müssen. Ein überentwickelter Rahu (in der Handmitte ist keine Vertiefung erkennbar) zeigt, dass die vielen alltäglichen Pflichten uns von unseren langfristigen Zielen ablenken. Wir neigen zu Materialismus und müssen erst noch begreifen, dass die derzeitige Situation nur eine Etappe auf einer langen Reise ist.

Ketu

Ketu ist der Punkt, an dem der Mond die Ekliptik nach Süden schneidet. In der vedischen Handdeutung heißt er „Drachenschwanz". Wir finden ihn auf dem Handgelenk, deren Linien er einschließt. Er ist eine Mulde zwischen dem Mondberg und dem Venusberg.

Ketu gibt Auskunft über unser Karma und dessen Wirkungen. Er zeichnet Gedanken, Ideale, Hoffnungen und Ängste auf, die wir aus der Vergangenheit in die Gegenwart mitgenommen haben, und er sagt uns, ob wir gelernt haben, Körper, Seele und Geist zu integrieren, und wie kräftig unsere ersten zögernden Schritte ins neue Leben sind. Daraus können wir auch Rück-

Ausgewogener   Unterentwickelter   Überentwickelter
Ketu   Ketu   Ketu

Die drei Entwicklungsebenen des Ketu

schlüsse auf die Zukunft ziehen. Ein idealer Ketu zeigt, dass wir die Weisheit der Vergangenheit aufgenommen haben und bereit sind, auf dieser Grundlage neues Karma zu begrüßen. Ein unterentwickelter Ketu enthüllt, dass Hemmungen oder Furcht uns daran hindern, im Leben vorwärts zu kommen. Wir wollen sicher sein und klammern uns an alte, vertraute Erinnerungen. Um Platz für neue Herausforderungen zu schaffen, müssen wir uns von Ängsten und alten Wunden lösen. Überentwickelt ist Ketu, wenn wir uns in neue Erfahrungen stürzen, ohne unsere karmischen Lektionen verarbeitet zu haben. Wir müssen behutsamer und kritischer vorgehen.

Die Beziehung zwischen Rahu und Ketu fasst ein bekanntes Sanskrit-Sprichwort zusammen: „Unsere Gegenwart ist die Folge der Vergangenheit, und die Zukunft hängt davon ab, wie wir heute leben."

Das Pendelsyndrom

Ein unterentwickelter Berg ist meist ein Zeichen für fehlende karmische Erfahrungen oder für Zügellosigkeit in einem bestimmten Lebensbereich. Der Merkurberg kann zum Beispiel unterentwickelt sein, wenn uns in einem früheren Leben nur der Ruhm interessiert hat. Dann meiden wir in diesem Leben die Öffentlichkeit und führen ein ruhiges Leben.

Ein überentwickelter Berg lässt darauf schließen, dass bestimmte Erfahrungen uns einst zu wichtig waren. Ist beispielsweise der Venusberg überentwickelt, haben wir vor allem körperliche Lust gesucht. Das hat möglicherweise zu Übersättigung geführt, und infolgedessen ist der Venusberg in diesem Leben unterentwickelt.

Die Handdeutung kann die Schwingung des karmischen Pendels vorhersagen. Sie macht uns auf Tendenzen aufmerksam, die unsere Ausgewogenheit stören. Dank dieses Wissens können wir etwas unternehmen, um Ungleichgewichte im Leben zu beseitigen und die Ausschläge des Pendels zu dämpfen. Ein überentwickelter Sonnenberg weist beispielsweise darauf hin, dass wir zu sehr nach öffentlichem Applaus streben und dadurch unsere Fähigkeit blockieren, Talente mit anderen zu teilen.

Die Handlesekunst fordert uns außerdem auf, einen Blick hinter die Kulissen zu werfen. Welcher Entwicklungsfehler ist für einen exzessiven Lebensstil und somit für den Ausschlag des Pendels verantwortlich? Nur wenn wir uns mit beiden Extremen auseinandersetzen, erreichen wir Ausgewogenheit.

Die innere und die äußere Welt auf der Hand

Eines der wichtigsten Anliegen der Handlesekunst ist die Ausgewogenheit der Hand. Über harmonische Berge haben wir bereits gesprochen; nun wenden wir uns der ganzen Hand zu, auf der sich die innere und die äußere Welt widerspiegeln.

Würden wir eine Linie durch die Mitte des Saturnfingers bis zur Mitte des Handgelenks ziehen, wäre die Hand in die innere und äußere Welt geteilt. Die äußere besteht aus Sonnenberg, Merkurberg, positivem Marsberg und Mondberg, die innere aus Jupiterberg, negativem Marsberg, Venusberg und Daumen.

Die Berge und Finger der äußeren Welt informieren uns über Interaktionen mit der Umwelt. In der äußeren Welt geben wir Ge-

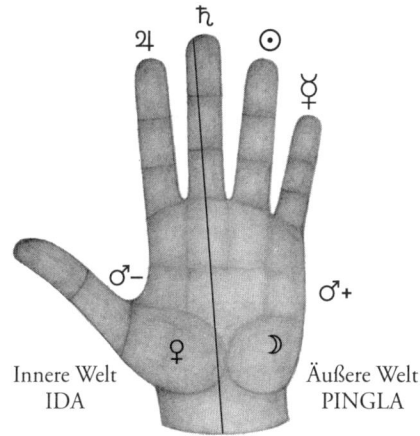

Eine Linie durch den Mittelfinger (Saturn) zur Mitte des Handgelenks teilt die Hand in die innere und äußere Welt.

bunden. Wir sind kühl und zurückhaltend. Wenn die *Pingla*-Seite zu stark entwickelt ist, sind wir zwar aufgeschlossen, aber auch arrogant – zu beschäftigt, um an einer Blume zu schnuppern, zu unruhig, um nach innen zu schauen.

Damit wir uns ganz fühlen, müssen beide Welten der Hand im Gleichgewicht sein. Dann sind wir innerlich und nach außen hin selbstsicher und können uns mühelos ausdrücken. Wir haben nicht mehr den Eindruck, dass uns etwas fehlt. Vielleicht bleiben beide Aspekte unseres Ichs verschieden, aber sie ergänzen einander.

Saturn und der kalpnische Pfad

Um die Harmonie der Hand zu messen, können wir auch die Länge des Saturnfingers mit der Länge des kalpnischen Pfades vergleichen.

Der Mittelfinger ist dem Denken zugeordnet. Seine zentrale Position an der Hand ist bedeutsam, weil er die Wirbelsäule sym-

danken und Ideen an andere weiter. Die Berge und Finger der inneren Welt geben Auskunft über Wünsche und Ziele sowie über das Ich-Gefühl.

Die innere Welt heißt *Ida*. Sie ist ihrer Natur nach negativ geladen, kühler und mehr verborgen. Die äußere Welt ist *Pingla*. Sie ist positiv geladen, wärmer und offener. So wie *Ida* und *Pingla* ausgewogen sollten, müssen auch die innere und die äußere Welt der Hand harmonieren, damit wir vernünftig denken und handeln können.

In hinduistischen Texten wird der Bereich des Saturns *Sushumna* („Mund Gottes") genannt. An diesem heiligen Ort trennen sich *Ida* und *Pingla* vom neutralen Strom der Wirbelsäule und bilden die beiden Aspekte unseres Wesens: die emotionale, empfängliche Natur *(Ida)* und die vernünftige, nach außen gerichtete Natur *(Pingla)*.

Wenn wir zu *Ida*-orientiert sind, können wir zwar tüchtig sein, aber wir fühlen uns nicht mit unserer *Pingla*-Energie ver-

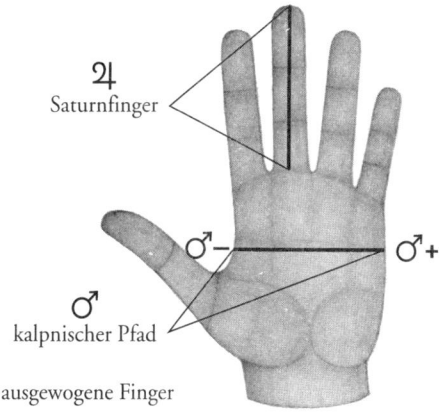

Im Idealfall ist der Saturnfinger gleich lang wie der kalpnische Pfad, der den negativen mit dem positiven Marsberg verbindet.

bolisiert. Er liegt zwischen dem positiven und dem negativen Pol der Hand, also zwischen *ida* und *pingla*, und enthüllt die Tiefe unseres Denkens sowie unsere Objektivität.

Der kalpnische Pfad überquert die Marsberge und Rahu. Er verbindet körperliche Energie (negativer Marsberg) und mentale Energie (positiver Marsberg) und zeigt, ob wir unsere derzeitige Umwelt (Rahu) im Griff haben. Ausgewogenheit zwischen den beiden Marsbergen spricht für viel Energie, die nicht für negative Gefühle vergeudet wird. Wenn Saturnfinger und kalpnischer Pfad gleich lang sind, fließt unsere Energie in die richtige Richtung. Das kluge Urteil des Saturns stabilisiert die sprunghafte nervöse und mentale Energie.

Im Sanskrit heißt Wissen oder Weisheit (dem Saturn zugeordnet) *Gyana*, während *guna* die Tugend ist. Ein Gleichgewicht zwischen dem Saturn und dem kalpnischen Pfad bedeutet, dass *Gyana* zu *Guna* (Gedanke zu Tugend) geworden ist. Wir haben statisches Wissen (Saturn) mit Leben erfüllt (Mars). Innere Energie wird also nach außen projiziert, und wir setzen uns erfolgreich mit der Welt auseinander.

Wenn wir nur Wissen speichern (zuviel Saturn), so spricht dies für eine zu ernste, stille und reservierte Natur. Aber eine zu breite Marsgalaxis (ein zu langer kalpnischer Pfad) zeigt, dass wir zu offen, aktiv oder geschwätzig sind und uns zuwenig von der Vernunft leiten lassen.

Auf der Abbildung unten links sehen wir einen langen Saturnfinger, der auf großes Wissen schließen lässt. Doch weder die Nerven noch der Körper stützen dieses Wissen. Die meiste Energie bleibt im Intellekt, und der Mensch kann nicht nach seinem Wissen handeln. *Gyana*, dem Wissen, fehlt das Feuer der Tat; und *guna*, die Tugend, wurde noch nicht erreicht.

Die Abbildung rechts zeigt einen kurzen Saturnfinger. Das Nervensystem ist stark, aber ihm fehlen Wissen und kritisches Urteil als Unterstützung. Die Energie bleibt weitgehend auf der körperlichen Ebene und spiegelt die Suche nach Sinnesreizen wider. *Guna* kann sich hier nicht entfalten. Ein

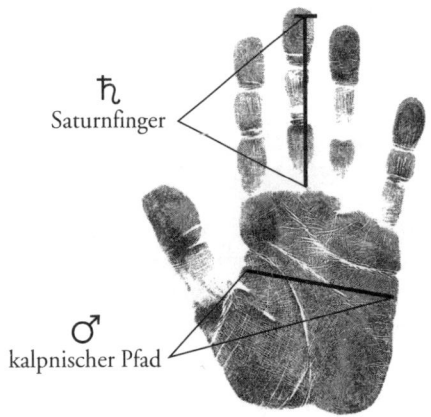

Saturnfinger länger als kalpnischer Pfad

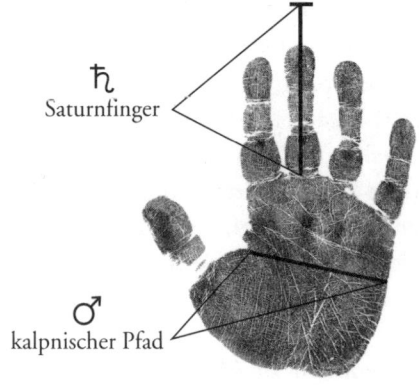

Saturnfinger kürzer als kalpnischer Pfad

überentwickelter Marsberg ohne ausreichende Unterstützung vom Saturn zeigt, dass wir zwar energisch und dynamisch sind, aber nicht genug Urteilsvermögen, Klugheit und Disziplin besitzen, so dass wir unsere Ziele verfehlen.

Haupt- und Nebenlinien

Die Merkmale der Hand spiegeln unsere karmische Entwicklung wider. Die Berge sind die Grundlage der Linien und Zeichen und symbolisieren die Seele oder das Überbewusste. Senkrechte Linien geben Auskunft darüber, ob wir uns als spirituelle Wesen begreifen; horizontale Linien sagen uns, wie fest wir im Körper verwurzelt sind.

In der vedischen Handdeutung gibt es Hauptlinien und Nebenlinien. Hauptlinien sind die Herzlinie, die Kopflinie und die Lebenslinie. Sie stehen für *Awachetan*, das Unbewusste. Die Gefühle, der Intellekt und der Körper sind die wichtigsten Werkzeuge unserer Existenz. Sie ermöglichen uns ein Leben als Individuen; aber sie lassen nur eine sinnliche Wahrnehmung der Realität zu und verlaufen daher waagrecht. Ein Leben auf der unbewussten Ebene verhindert die karmische Evolution.

Die Nebenlinien – Schicksalslinie, Merkurlinie und Sonnenlinie – spiegeln *Chetan Mastishk*, das Bewusste wider. Sie zeigen, ob wir Körper, Seele und Geist nutzen, um Verbindung mit unserer göttlichen Natur aufzunehmen. Der schöpferische Drang nach Sprengung der körperlichen Grenzen wird im senkrechten Verlauf dieser Linien deutlich: Wir gehen über den Alltag hinaus und streben nach der Freiheit des universellen Bewusstseins.

Die Hauptlinien

Die Hand hat drei Hauptlinien: *Jeevan Rekha*, die Lebenslinie, *Mastak Rekha*, die Kopflinie, und *Hradaya Rekha*, die Herzlinie.

Die Herzlinie enthüllt emotionale Reaktionen. Die Kopflinie zeigt, ob wir vernünftig entscheiden können. Der Körper, der Intellekt und die Gefühle ermöglichen uns Interaktionen mit der Umgebung. Das Unbewusste, symbolisiert durch die Hauptlinien, verbindet das Bewusste mit dem Überbewussten – der Seele.

Die Hauptlinien enthüllen tief verwurzelte Verhaltensmuster. Wie reagieren wir beispielsweise, wenn jemand uns anschreit? Werden wir wütend oder ängstlich, schreien wir zurück, oder versuchen wir, das Problem beizulegen? Wenn wir immer ruhig bleiben, demonstrieren wir *Buddhi*. Wenn wir vor allem auf das Verhalten anderer Leute reagieren, stellen wir *Manas* zur Schau. Sobald wir lernen, objektiv zu bleiben, merken wir, dass die Handlinien sich allmählich positiv verändern.

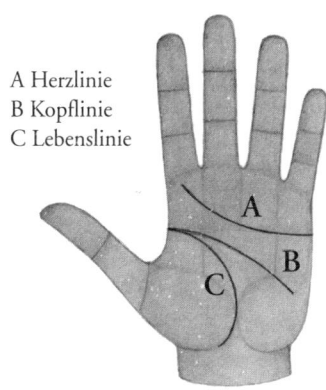

A Herzlinie
B Kopflinie
C Lebenslinie

Die drei Hauptlinien:
Herz-, Kopf- und Lebenslinie

Sattwa, Rajas und Tamas
in den drei Hauptlinien

Die Dreiheit *Sattwa, Rajas* und *Tamas* spiegelt sich in den drei Hauptlinien wider. Die Herzlinie ist *Sattwa* zugeordnet, die Kopflinie *Rajas* und die Lebenslinie *Tamas*. Jede Linie zeigt uns Harmonie oder Disharmonie in der *Guna*, die sie symbolisiert. Die Herzlinie gehört zum Beispiel der Ebene *Sattwas* an; aber wenn wir unsere Seele nicht durch *Buddhi* ausdrücken, werden wir egoistisch und abweisend anstatt liebevoll und großzügig.

     Die Kopflinie in der *Rajas*-Ebene verbindet die Seele (Herzlinie) und den Körper (Lebenslinie). Es ist sehr wichtig, dass wir ruhig und konzentriert sind, damit diese Verbindung zustande kommt. Die Lebenslinie in der *Tamas*-Ebene sagt uns, wie wir unsere körperliche Seite ausdrücken: Sind wir gierig, und streben wir nur nach unserer Befriedigung, oder können wir selbstlose Liebe schenken?

Die Herzlinie

Die Herzlinie befindet sich im oberen Drittel der Handfläche und gehört zur Ebene *Sattwas*. Im Idealfall verbindet sie die oberen vier Berge, entspringt im Jupiterberg und endet im Merkurberg. Da sie die Energie aller vier *Sattwa*-Berge aufnimmt, spiegelt sie den idealistischen und erhabenen Aspekt unseres Wesens wider. Diese spirituelle Seite drücken wir durch unsere Gefühle aus: durch Liebe und Hingabe, die Eigenschaften von *Buddhi*. Wenn wir uns auf die Seele einstimmen, sind wir großzügig und aufnahmebereit. Wahre Liebe stellt keine Bedingungen; sie geht über die Logik und das Denken hinaus. Allerdings wer-

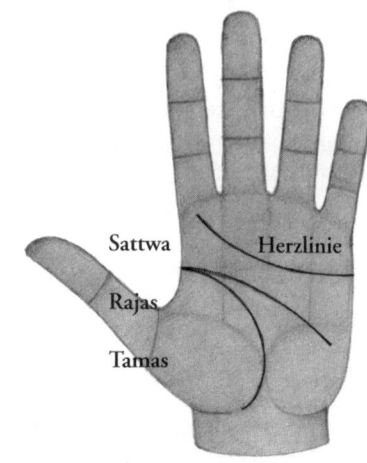

Die Herzlinie befindet sich im oberen Drittel der Handfläche und gehört zur Ebene Sattwas.

den unsere Gefühle oft vom Intellekt beeinflusst. Wenn wir denken: „Das habe ich verdient", „Ich brauche das" oder „Das habe ich erwartet", filtern wir die Liebe durch den Intellekt, so dass sie egozentrisch anstatt allumfassend wird.

     Die Herzlinie zeigt außerdem, in welchem Zustand sich das physische Herz befindet. Lebensereignisse, vor allem wenn sie mit Beziehungen zu tun haben, spiegeln sich ebenfalls auf ihr wider.

Die Kopflinie

Die Kopflinie befindet sich im mittleren Drittel der Handfläche und gehört zur Ebene von *Rajas*. Sie sollte den kalpnischen Pfad kreuzen und eine Brücke zwischen der inneren und der äußeren Welt der Handfläche schlagen. Dieser Zusammenhang gibt uns den Mut, an unsere Ideen und hohen Ziele zu glauben. Die Kopflinie spiegelt die Vernunft und den Intellekt wider, die sowohl unsere besten Freunde als auch unsere schlimmsten Feinde sein können. Im Idealfall zeigt die Kopflinie, dass wir objektiv urteilen, dass wir imstande sind, Fakten abzuwägen und unparteiische Entscheidungen zu treffen. Dann sind wir intelligent und visionär und können langfristige Ziele haben.

Das Denken wird jedoch häufig von unseren Bedürfnissen, Wünschen und Erwartungen beeinflusst. Wenn eine Situation uns unmittelbar angeht, fällt es uns oft schwer, objektiv zu bleiben. Wir denken egozentrisch, und unser Verhalten spiegelt das wider. Wenn wir eine Situation analysieren oder eine Entscheidung treffen, ist Selbstgerechtigkeit im Spiel. Der Intellekt kann uns also einerseits helfen, das Überbewusste auf die bewusste Ebene zu bringen *(Buddhi),* andererseits aber auch die Wahrnehmung der Realität auf die Reichweite der Sinnesorgane beschränken *(Manas).*

Die Kopflinie gibt auch Auskunft über den Zustand des Gehirns sowie über bestimmte Ereignisse, vor allem wenn sie etwas mit der geistigen Gesundheit und der psychologischen Grundhaltung zu tun haben.

Die Lebenslinie

Die Lebenslinie befindet sich im unteren, dichtesten Drittel der Handfläche und gehört zur Ebene von *Tamas.* In dieser Linie spiegelt sich *Prana,* die Lebenskraft, wider. Nach indischem Glauben macht der erste Atemzug nach der Geburt uns zu physischen Individuen. Die Lebenslinie gibt Auskunft über Gesundheit und Lebenserwartung, denn sie zeigt, wie sorgsam wir mit unserem *Prana* umgehen. Wenn wir nervös sind, atmen wir schnell und flach. Wenn wir ruhig sind, ist die Atmung langsam und tief. Ein altes Sprichwort sagt: „Die Zahl unserer Atemzüge im Leben steht von vornherein fest." Darum sollten wir keinen einzigen Atemzug vergeuden.

Die Lebenslinie enthüllt außerdem, ob wir mit dem Strom des Lebens schwimmen.

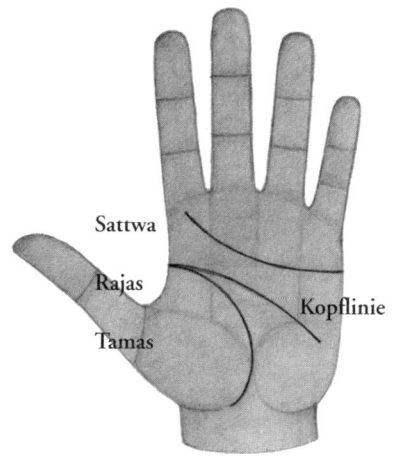

Die Kopflinie befindet sich im mittleren Drittel der Handfläche und gehört zur Ebene von Rajas.

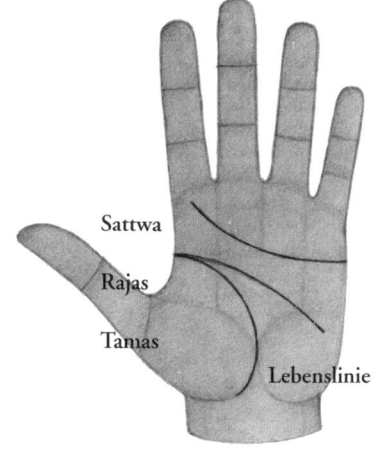

Die Lebenslinie befindet sich im unteren Drittel der Handfläche und gehört zur Ebene von Tamas.

Ist das Leben für uns eine ständige Herausforderung (*Manas*), die uns müde macht, oder nutzen wir unsere Energie klug und werden auch mit schwierigen Verhältnissen fertig? Das Leben ist ein komplexes, oft problematisches Labyrinth, das uns jedoch endlose Möglichkeiten zur Selbsterkenntnis *(Buddhi)* bietet.

Können wir harmonisch mit unserer Umgebung leben? In welchem Zustand befindet sich der Körper, vor allem das Nervensystem? Wie groß ist unsere Ausdauer? Solche Fragen beantwortet die Lebenslinie, und sie sagt uns auch, ob wir uns den Herausforderungen des Lebens bereitwillig stellen und ob wir nach sinnlicher Lust streben oder mit Hilfe der Sinne unser spirituelles Wachstum fördern.

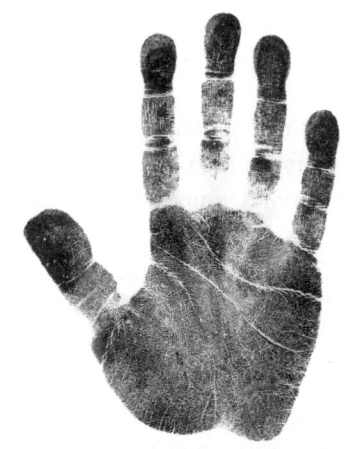

Hier ist die Kopflinie deutlicher ausgeprägt als die zwei anderen Hauptlinien. Der hervorragende Verstand dieses Menschen wird nicht von einer gleich langen Herz- und Lebenslinie unterstützt. Der Intellekt ist übermächtig, und die Folge ist ein Lebensstil, der keine Rücksicht auf die Bedürfnisse anderer nimmt.

Das Unbewusste: Harmonie in den Hauptlinien

Alle drei Hauptlinien sollten rund sein und nicht von anderen Linien oder Inseln gestört werden. Im Idealfall sind sie gleich stark, tief und lang. Ausgewogene Linien sind ein Zeichen für Harmonie zwischen Körper, Geist und Seele.

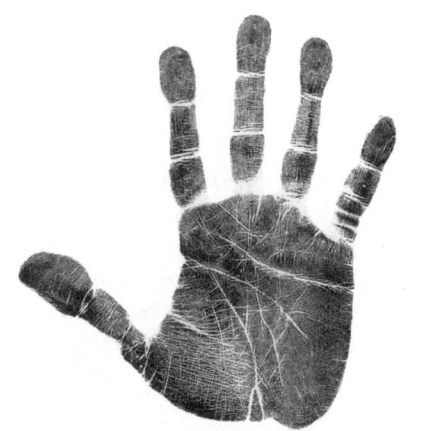

Die Hauptlinien auf dieser Hand sind ausgewogen und spiegeln Harmonie zwischen Körper, Geist und Seele wider.

Da die Kopflinie zwischen den beiden anderen Linien verläuft, bildet sie eine neutrale Zone zwischen *Sattwa* und *Tamas*. Darum gilt sie als *Rajas* (König). Dank seiner kritischen Intelligenz *(Buddhi)* kann der Intellekt in dieser Zone Ausgewogenheit zwischen dem Körper auf der Ebene von *Tamas* (Lebenslinie) und dem spirituellen Selbst auf der Ebene von *Sattwa* (Herzlinie) herstellen. Durch *Manas* kann der Intellekt uns aber auch vom Spirituellen trennen und die Dreiheit aus Körper, Geist und Seele zerstören. So wie Aum die Manifestation von Parambrahma, dem Einen, durch Brahma, Vishnu und Shiva symbolisiert, spiegeln ideale Herz-, Kopf- und Lebenslinien die Harmonie der drei *Gunas* wider.

 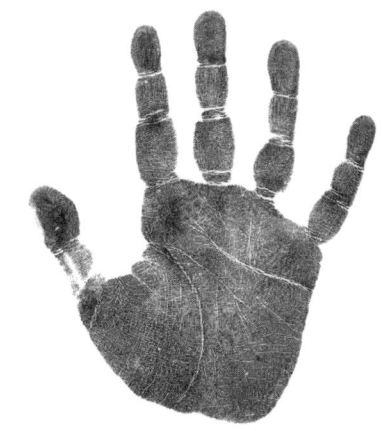

Auf dieser Hand ist die Herzlinie besonders gut entwickelt. Das liebevolle Wesen dieses Menschen wird nicht von einer gleich langen Kopf- und Lebenslinie unterstützt. Die Gefühle gehen nicht mit kritischem Urteil einher, sondern sind für diesen Menschen so wichtig, dass er sich selbst auf gefährliche Beziehungen einlässt.

Auf dieser Hand ist die Lebenslinie außergewöhnlich stark. Dieser Mensch will unbedingt „gut leben" und kümmert sich nicht um die langfristigen Folgen. Soziale Verantwortung ist für ihn ein Fremdwort.

Das Viereck

Das Viereck, bisweilen auch „Landebahn der Engel" genannt, ist ein bedeutsamer Indikator unserer mentalen und emotionalen Harmonie. Es wird von der Kopflinie und von der Herzlinie gebildet, also von den beiden Aspekten unseres Wesens. Die Herzlinie ist der positive Pol (Gefühle), die Kopflinie der negative (Verstand). Beide sollten gleich lang sein und einander nicht berühren; andernfalls kommt es zu einem „Kurzschluss". Im Idealfall ähnelt das „Viereck" einer Sanduhr, und die Linien sind einander weder zu nah noch zu fern.

Wir müssen uns anstrengen, um diese beiden Aspekte unseres Selbstes miteinander in Einklang zu bringen. Eine Kopflinie, welche die Herzlinie überwältigt, ist ein Indiz für einen dominierenden Verstand. Ist die Herzlinie stärker als die Kopflinie, sind unsere Entscheidungen zu sehr von Gefüh-

len beeinflusst. Nur wenn Verstand und Gefühl ausgewogen sind, wird kein Teil des Selbstes vom anderen verzerrt. Das Gleichgewicht bringt uns Frieden und Gelassenheit, und in diesem Zustand sind wir offener für Engel in Gestalt von guten Freunden, klugen Lehrern, visionären Träumen, Intuitionen und klugen Ratschlägen.

Die Nebenlinien: unser bewusstes Selbst

Außer den drei Hauptlinien gibt es noch viele andere bedeutsame Linien und Zeichen. Drei der wichtigsten Nebenlinien sind die Schicksalslinie, die Sonnenlinie und die Merkurlinie, im Sanskrit *Karma Rekha*, *Surya Rekha* und *Buddh Rekha*.

Die Nebenlinien spiegeln das Bewusstsein wider. Sie zeigen, wie gut wir mit den

Das Rechteck ist ein bedeutsamer Indikator für unsere mentale und emotionale Harmonie.

Tiefen der Seele verbunden sind oder wie sehr die wandelbare Umwelt uns ablenkt. Diese Linien enthüllen unsere Gedanken, Einstellungen und Verhaltensweisen.

Die Nebenlinien sind also ein Kanal für den bewussten Ausdruck des Überbewussten (Berge) und des Unbewussten (Hauptlinien). Sie fungieren als Schnittstelle für die Seele, damit diese sich in unserem alltäglichen bewussten Tun manifestieren kann. Wer Nebenlinien besitzt, ist gut auf sein tiefstes Selbst eingestimmt. Wenn diese Linien von anderen geschnitten werden, unterbrochen sind oder fehlen, ist die Verbindung mit der Seele gestört. Dann identifizieren wir uns zu sehr mit den Anforderungen unserer Umgebung und verlieren den inneren Frieden.

Die Form der Nebenlinien sagt uns, ob wir unser Seelen-Selbst integrieren können. Wenn ja, wissen wir, dass unsere alltäglichen Gedanken und Handlungen andere

Menschen beeinflussen und dass wir daher verantwortungsbewusst, hilfsbereit und liebevoll sein müssen. Wir lernen, das Individuelle zugunsten des Universellen zu transzendieren – eine Qualität des *Buddhi*-Bewusstseins. Wer sich seiner Seele nicht bewusst ist, lässt sich bei seinen Entscheidungen von seinen persönlichen Wünschen (*Manas*) oder seinem Ego leiten.

Die Schicksalslinie

Die Schicksalslinie durchquert Rahu in der Mitte der Hand und läuft senkrecht zum Saturnberg hinauf. Wie ein Pfad mit deutlichen Rändern weist diese Linie uns darauf hin, dass wir ein Lebensziel haben. Aber sie deckt auch unser berufliches Potenzial auf. Unsere Umwelt, die Rahu widerspiegelt, sorgt durch unterschiedliche Situationen dafür, dass wir herausgefordert werden und wachsen können. Wir können spontan leben und in unserem Dasein eine Folge zufälliger Ereignisse (*Manas*) sehen; aber

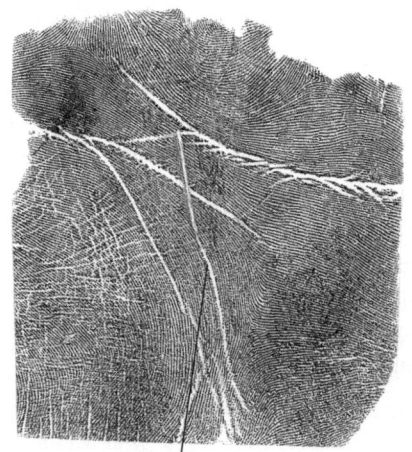

Schicksalslinie

Die Schicksalslinie zeigt, dass wir den Sinn unseres Lebens kennen.

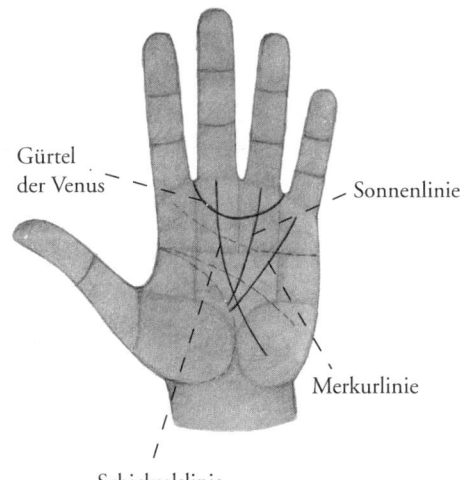

Gürtel
der Venus

Sonnenlinie

Merkurlinie

Schicksalslinie

*Die Nebenlinien spiegeln unser bewusstes
Gewahrsein wider.*

wir können das Leben auch als Kette sinnvoller Ereignisse *(Buddhi)* betrachten. Unser Leben hat einen Sinn, und wir haben in
jeder Situation einen freien Willen. Das bestätigt die Schicksalslinie.

Eine ideale Schicksalslinie ist tief, lang
und gerade, ohne Brüche und Störungen.
Die kürzeste Verbindung zwischen zwei
Punkten ist eine Gerade. Die Schicksalslinie
erinnert uns daran, dass wir den Weg von
der Geburt zum Tod konzentriert und dis-
zipliniert gehen können.

Die Sonnenlinie

Die Sonnenlinie läuft auf der Ebene von
Sattwa senkrecht nach oben durch den
Sonnenberg. Dieser Berg ist mit *Atma*, der
Seele, verbunden, die ein Funke des uni-
versellen Lichts ist. Darum zeigt die
Sonnenlinie, dass wir uns des unendlichen
Potenzials in unserem Inneren bewusst sind.
Vielleicht sind wir inspiriert von unserem
Herzenswunsch, der uns zunächst wie ein
Traum vorkommt. Wenn wir jedoch die

schöpferische Energie der Sonne anzapfen,
können wir den Traum verwirklichen und
mit unserem Beispiel andere aufwecken.

Die Sonnenlinie wird auch Erfolgslinie
genannt. Allerdings hat jeder von uns seine eigene Vorstellung von Erfolg. Manche
verstehen darunter materiellen Reichtum,
andere ein hohes Ansehen oder Nächsten-
liebe. Ob wir unsere Sonnenenergie nutzen können, hängt davon ab, ob wir
imstande sind, unser Ich zu überwinden.
Mutter Teresa kümmerte sich um Kranke
und Sterbende auf den Straßen von
Kalkutta und fand überall auf der Welt frei-
willige Helfer *(Buddhi)*. Für sie war das
ganz selbstverständlich, ein demütiger Akt
der Liebe. Andere halten ihr Werk für ein
Wunder. Viele hätten sich in einer ähnlichen Situation im Ruhm gesonnt *(Manas)*
und sich dadurch von eben den Menschen
entfernt, denen sie helfen wollten. Im Idealfall bestätigt die Sonnenlinie, dass wir zur
Hingabe fähig sind.

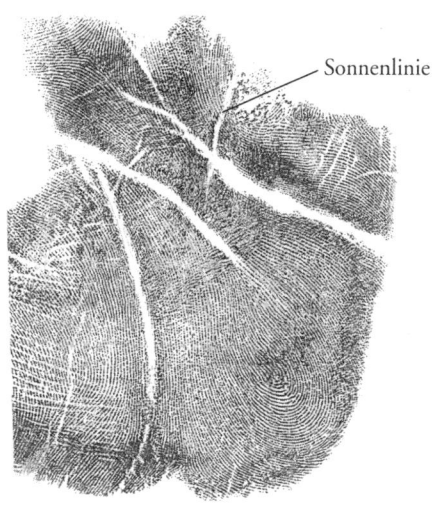

Sonnenlinie

Die Sonnenlinie wird auch Erfolgslinie genannt.

Die Merkurlinie

Die Merkurlinie zweigt von der Lebenslinie ab und läuft auf der Ebene von *Tamas* diagonal zum Merkurberg auf der Ebene von *Sattwa*. Dabei kreuzt sie die Kopf- und die Herzlinie. Sie enthüllt, ob wir uns unberührt vom Verstand, von Gefühlen oder körperlichen Wünschen konzentrieren können. Dies ist die Linie des Selbstausdrucks. Von ihr erfahren wir, ob wir unsere Talente mühelos nutzen können. Eine gute Tänzerin merkt vielleicht erst nach einer brillanten Darbietung, dass sie sich einen Bänderriss zugezogen hat. Während der Vorstellung ging sie derart in ihrer Kunst auf, dass Zeit und Raum sich auflösten. Die Schmerzen existierten erst, als der Tanz zu Ende war. Die Merkurlinie bestätigt, dass wir den Augenblick spontan genießen können *(Buddhi)*. Andererseits kann das Geschrei einen Kindes im Publikum eine Tänzerin derart ablenken, dass sie nicht mehr imstande ist, ihr Bestes zu geben *(Manas)*.

Manchmal wird diese Linie auch Gesundheitslinie genannt. Sie sagt zwar nichts über den Gesundheitszustand, aber wir er-

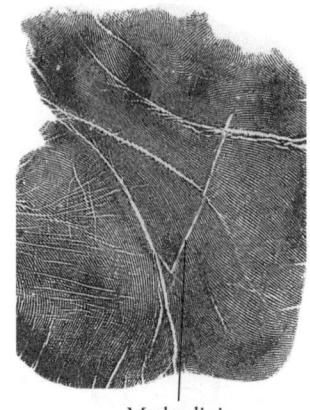

Merkurlinie

Die Merkurlinie ist die Linie des Selbstausdrucks.

fahren von ihr, ob eine körperliche, mentale oder emotionale Schwäche uns am Selbstausdruck hindert. Ein Bruch oder eine Störung der Merkurlinie enthüllt möglicherweise die Ursache des Problems.

Unsere Bewusstheit: Harmonie in den Nebenlinien

Wie die Hauptlinien sollten auch die Nebenlinien gleich stark sein. Das gilt vor allem für die Schicksals-, Sonnen- und Mer-

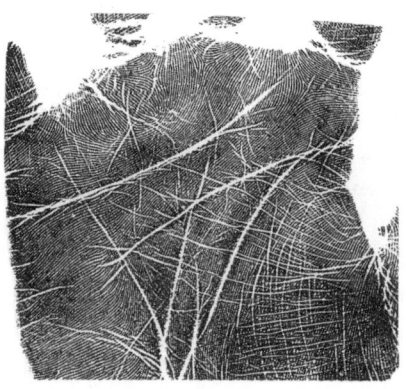

Links sind Schicksals-, Sonnen- und Merkurlinie gleich gut entwickelt. Rechts sehen wir eine starke Merkur- und Schicksalslinie, während die Sonnenlinie noch entwickelt werden muss.

kurlinie, die uns gemeinsam darauf hinweisen, dass wir uns im Leben frei ausdrücken sollen. Eine starke Schicksalslinie ohne Stütze durch die Sonnen- und Merkurlinie zeigt beispielsweise, dass unsere harte Arbeit nicht durch ein Gefühl der Zufriedenheit belohnt wird. Eine starke Sonnenlinie ohne die Unterstützung der Schicksals- und Merkurlinie lässt darauf schließen, dass wir mit unserem Glück zufrieden sind, aber nicht recht wissen, wohin wir gehen. Eine starke Merkurlinie ohne die Hilfe der Schicksals- und Sonnenlinie ist ein Zeichen dafür, dass wir zwar ungezwungen, aber ziellos kommunizieren.

Weitere Nebenlinien

Der Gürtel der Venus

Der Gürtel der Venus ist ein Bogen, der zwischen Jupiter- und Saturnfinger beginnt und zwischen Sonnen- und Merkurfinger endet, also oberhalb der Herzlinie auf der Ebene von *Sattwa*. Er enthüllt tiefe, am Spirituellen orientierte Gefühle. Wir können Sinneseindrücke nutzen, um schöpferisch zu arbeiten und dadurch das Herz anderer Menschen zu rühren. Ein verformter Venusgürtel spricht für Schwierigkeiten bei der Verarbeitung unserer Gefühle. Wir mögen leidenschaftlich sein, aber wir sind nicht in der Lage, Gefühle schöpferisch auszudrücken. Die Folge können Wirklichkeitsflucht oder Unberechenbarkeit sein.

Die Via Lascivia

Die Via lascivia bildet eine Brücke zwischen dem Mondberg und dem Venusberg auf der Ebene von *Tamas*. Sie enthüllt ein Streben nach körperlicher Lust. Sie wendet sich nach unten und fordert uns auf, besseren Gebrauch von den Sinnen zu machen. Zuerst müssen wir einsehen, dass unsere Vergnügungssucht möglicherweise auf spirituelle oder emotionale Leere zurückzuführen ist. Der Versuch, diese Leere auf der physischen Ebene zu füllen, löst dann oft Zwangsverhalten aus. Wenn wir verstanden haben, dass sinnliche Genüsse nicht von Dauer sind und dass wir in einem Kreislauf der Selbstzerstörung gefangen sind, können wir das Verhaltensmuster durchbrechen und andere, erfüllende Ziele finden. Wer an einer Essstörung leidet, kann sich

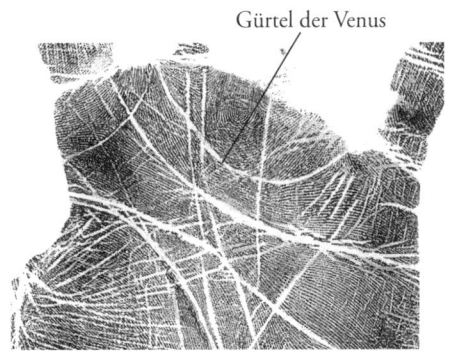

Gürtel der Venus

Der Gürtel der Venus ist ein Zeichen für Empfindsamkeit und künstlerisches Talent.

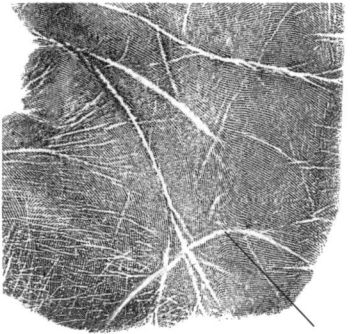

Via lascivia

Die Via lascivia enthüllt ein Streben nach körperlicher Lust.

davon befreien, wenn er die Ursache seines inneren Hungers aufdeckt. Vielleicht braucht er fachkundige Hilfe, um diesen Hunger sinnvoller stillen zu können.

Die Marshelfer-Linie

Die Marshelfer-Linie entspringt im negativen Marsberg, unserem männlichen Aspekt. Sie läuft parallel zur Lebenslinie und endet auf dem Venusberg, unserem weiblichen Aspekt. Diese Linie verbindet beide Berge und zeigt, dass wir uns dieser beiden Seiten unserer Persönlichkeit bewusst sind. Wir akzeptieren unsere aggressiven, aktiven Qualitäten ebenso wie unsere empfindsame, nachgiebige Natur. So schließen wir Frieden mit uns selbst und ziehen Men-

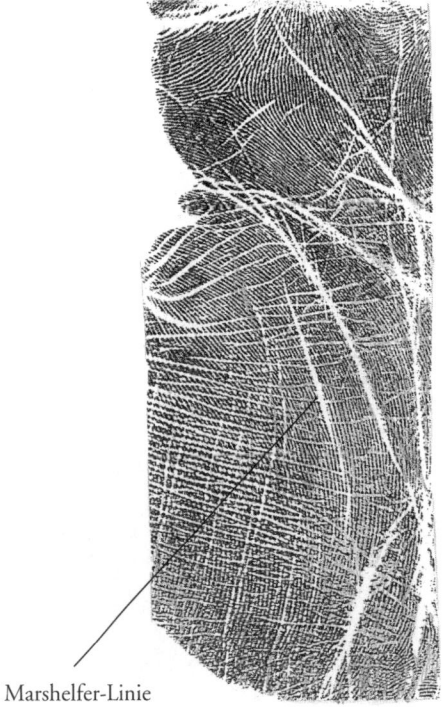

Marshelfer-Linie

Die Marshelfer Linie bestätigt, dass wir die Hilfe anderer dankbar annehmen.

schen an, die uns unterstützen. Unsere Beziehungen gründen auf Liebe und gegenseitigem Respekt, nicht auf wechselseitiger Abhängigkeit.

Einheitslinie und Kinderlinien

Linien und Zeichen auf dem Merkurberg weisen uns darauf hin, dass wir Kontakte zu Menschen brauchen, die unsere karmische Entwicklung fördern.

Die Einheitslinie beginnt auf der Handfläche und verläuft waagrecht auf dem Merkurberg. Sie bestätigt, dass wir bereit sind, uns für andere Menschen einzusetzen. Die Einheitslinie gehört zu den wenigen waagrechten Linien, und das bedeutet meist Anstrengung. Eine Beziehung gibt uns die Chance, Wurzeln zu schlagen, aber auch spirituell frei zu werden, indem wir unser Ich durch Liebe überwinden.

Kinderlinien steigen senkrecht oder diagonal aus der Einheitslinie. Sie zeigen, dass wir Kinder haben möchten und können. Im Gegensatz zu der Einheitslinie, die ein Zeichen für Verschmelzung und feste Wurzeln ist, laufen Kinderlinien nach oben, denn unsere Kinder müssen sich von uns lösen, wenn sie erwachsen sind und eigene Wurzeln bilden wollen.

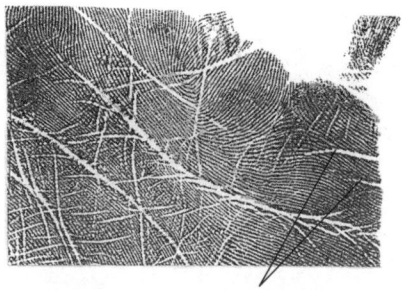

Einheitslinien

Einheitslinien zeigen, dass wir bereit sind, Verantwortung für andere zu übernehmen.

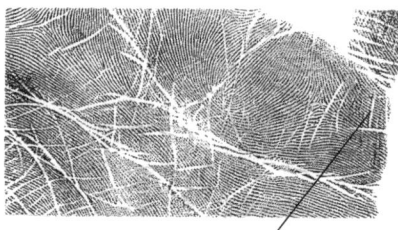

Kinderlinie

Kinderlinien sagen uns, dass wir Kinder haben wollen und können.

Linien und Zeichen der Weisheit

Außer den oben erwähnten positiven Nebenlinien gibt es überall auf der Hand noch Linien und Zeichen der Weisheit. Sie enthüllen, ob wir bereit sind, höheres Wissen aufzunehmen. Auf einem Berg bestätigen sie, dass wir die positiven Attribute der betreffenden astrologischen Zone entwickeln. Die Deutung solcher Zeichen hängt von ihrem Ort, von ihrer Form und vom Berg ab. Es können Kreuze, Gitter, Dreizacke, Höhlen, Drachen, Flaggen und Rechtecke sein. Viele Menschen haben solche Zeichen auf der Hand.

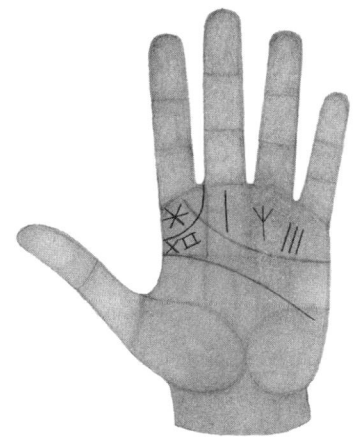

Linien und Zeichen der Weisheit auf einem Berg sind ein Lob: Wir entwickeln die positiven Attribute der betreffenden astrologischen Zone.

Die Purva poonya

Diese Linie erscheint bei gutem Karma. Sie entspringt auf dem positiven Marsberg, dem Speicher vergangener Taten. Dann wandert sie aufwärts durch die Herzlinie zum Sonnenberg. Da sie diese beiden Berge verbindet, verspricht sie, dass Leidenschaft und Hingabe in früheren Existenzen zu Erfolg in diesem Leben führen. Vielleicht begegnen wir auch alten Freunden, die uns unterstützen.

Der Salomonring

Der Salomonring ist ein Bogen am Jupiterberg. Jupiter wird auch *Guru* oder Vertreiber der Dunkelheit genannt. In seiner idealen Form finden wir den Salomonring bei aufgeschlossenen, toleranten Menschen. Er zeigt, dass wir nicht egoistisch sind, sondern für das Wohl aller Menschen eintre-

Purva poonya

Die Purva poonya-*Linie bildet sich bei gutem Karma aus der Vergangenheit.*

Salomonring

Der Salomonring ist ein Bogen unter dem Jupiterberg. Er symbolisiert Weisheit.

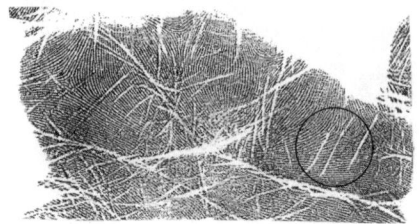

Stigmata der Heilung

Stigmata der Heilung weisen auf Einfühlungsvermögen und heilende Fähigkeiten hin.

ten. Darum sollten Psychologen, Politiker und Richter dieses Zeichen haben.

Die Saturnlinie

Die Saturnlinie, auch Linie der Wahrheit oder Linie der Gottesliebe genannt, steht senkrecht auf dem Saturnberg und verbindet auf ihm *Sattwa, Rajas* und *Tamas*. Sie zeigt, ob wir nach Wahrheit und nach einem Sinn im Leben suchen, und sie verrät, ob wir bereit sind, Kritik von Menschen zu akzeptieren, die wir lieben und denen wir vertrauen.

Stigmata der Heilung

Der Merkurfinger und der Merkurberg geben Auskunft darüber, wie gut wir zuhören und auf andere eingehen. Stigmata der Heilung bestätigen, dass wir sogar „hören", was nicht gesagt wird. Im Osten gelten diese Zeichen als Hinweis auf telepathische Fä-

Saturnlinie

Die Saturnlinie spiegelt Wahrheitsliebe wider.

higkeiten. Wenn wir gut auf einen Menschen eingestimmt sind, können wir ihm besser helfen. Die Stigmata der Heilung bestehen aus drei parallelen, diagonalen Linien auf dem Merkurberg. Sie lassen darauf schließen, dass wir allmählich die Qualitäten entwickeln, die der Merkurberg verspricht. Dank unseres Einfühlungsvermögens können wir unsere eigenen Wünsche und Bedürfnisse hintanstellen, wenn wir Kranke versorgen. Darum treten diese Linien oft bei Menschen auf, die einen Heil- oder Pflegeberuf ausüben oder durch Worte heilen und trösten.

Störlinien

Das negative Gegenstück der Linien und Zeichen der Weisheit sind die Störlinien, die vor Enttäuschungen, Schmerzen und anderen unerwünschten Emotionen warnen. Diese Linien laufen meist horizontal und symbolisieren Hindernisse für die nach oben strebende Schicksals-, Sonnen- oder Merkurlinie. Da sie auch Prüfungen und Herausforderungen ankündigen, können sie sich als heimlicher Segen entpuppen. Um herauszufinden, wie wir solche Prüfungen bestehen, müssen wir nachsehen, ob die Nebenlinien stärker oder schwächer werden, nachdem eine Störlinie sie gekreuzt hat.

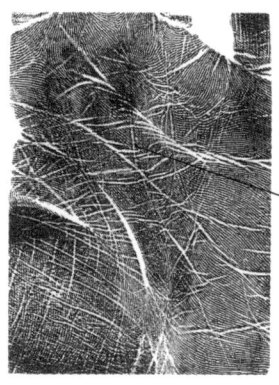

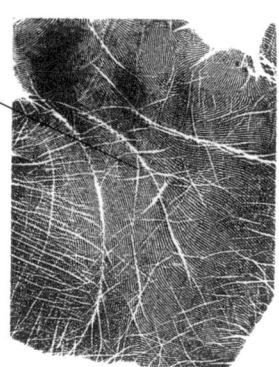

Die Schicksalslinie
endet mit der Störlinie
an der Kopflinie.

Die Schicksalslinie
wird nach der Störlinie
stärker.

Störlinien enthüllen Schwierigkeiten. Im oberen Beispiel hat der Betroffene seine Probleme gelöst und ist daran gewachsen: Die Schicksalslinie wird nach der Störlinie stärker. Daneben sehen wir die Hand eines Mannes, der von Schwierigkeiten überwältigt wird: Die Schicksalslinie wird nach der Störlinie schwächer.

Störlinien vom negativen Marsberg

Störlinien, die auf dem negativen Marsberg entspringen, verlaufen horizontal und weisen auf Schwierigkeiten hin, welche in der frühen Kindheit entstanden sind, entweder in der Familie oder in der näheren Umgebung. Linien, die knapp vor der Lebenslinie aufhören, lassen auf eine Lösung dieser Probleme schließen. Wenn sie jedoch die Lebenslinie kreuzen oder bis zur Kopf- oder Herzlinie reichen, müssen wir uns den Schwierigkeiten noch stellen, damit sie nicht die körperliche, geistige oder emotionale Gesundheit gefährden.

Störlinien vom positiven Marsberg

Waagrechte Linien auf der Handkante, also auf dem positiven Marsberg, kommen häufig vor. Sie deuten an, dass unsere täglichen Verpflichtungen uns Sorgen bereiten oder dass wir erschöpft sind. Vielleicht vergeuden wir Energie, indem wir uns ängstigen, anstatt uns den Herausforderungen zu stellen. Nach oben drehende Linien bestätigen, dass wir unsere Verantwortung verkraften.

Störlinien vom Venusberg

Waagrechte Linien, die auf dem Venusberg entspringen und nicht über die Lebenslinie hinaus reichen, sind Linien des Selbstausdrucks und gelten als positiv. Wenn sie jedoch die Lebenslinie kreuzen, enthüllen sie Schwierigkeiten, deren Ursache nicht in der Familie liegt. Das ist für uns eine Chance,

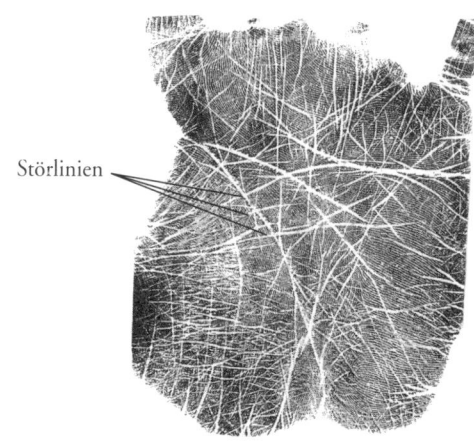

Störlinien

Wenn Störlinien auf dem negativen Marsberg entspringen, weisen sie auf Schwierigkeiten hin, die in der frühen Kindheit entstanden sind.

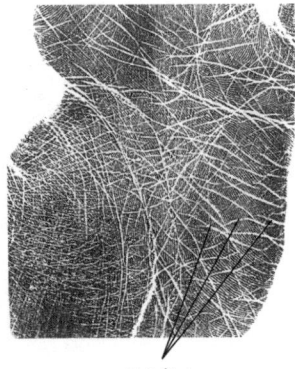

Störlinien

Störlinien, die auf dem positiven Marsberg beginnen, enthüllen, dass unsere Verantwortung uns Sorgen macht.

Störlinien

Wenn die Störlinien auf dem Venusberg entspringen, warnen sie vor Problemen in der Umgebung.

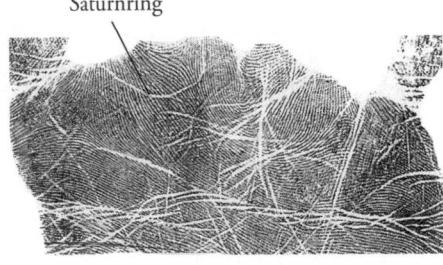

Saturnring

Der Saturnring enthüllt, dass wir zuviel grübeln und dadurch einsam werden.

stärker, ausdauernder und verständnisvoller zu werden. Darum gelten diese Linien auch als verborgener Segen.

Der Saturnring

Diese Linie umkreist den Saturnberg. Sie ist ein Indiz für Grübelei, die uns pessimistisch, launisch und mutlos macht.

Weisheitszeichen symbolisieren Harmonie

Einige Zeichen, zum Beispiel Kreuze, Rechtecke, Dreizacke und Sterne, deuten positive Eigenschaften an und heißen daher Weisheitszeichen. Sie bestätigen, dass wir reifer und zuverlässiger geworden sind und mehr Rücksicht auf andere nehmen. Wenn Weisheitslinien und –zeichen aber wenige Störlinien vorhanden sind, können wir daraus auf die Tiefe unseres inneren Friedens schließen.

Die Ausgewogenheit zwischen Bergen, Haupt- und Nebenlinien

Die Berge sind der Boden, in den Haupt- und Nebenlinien sich graben. Die Linien sind ein guter Indikator für die Harmonie zwischen den Bergen. Im Idealfall sind alle Linien gleich lang, tief und deutlich. Dann ist das Überbewusste frei von bewussten und unbewussten Hindernissen.

Das Bewusste wird von den Nebenlinien symbolisiert. Diese Linien zeigen, ob wir Kontakt mit dem Unbewussten und Überbewussten haben. Wenn wir von äußeren Umständen und Ereignissen abhängig sind, verlieren wir die Verbindung zum inneren Selbst. Diese Abhängigkeit spie-

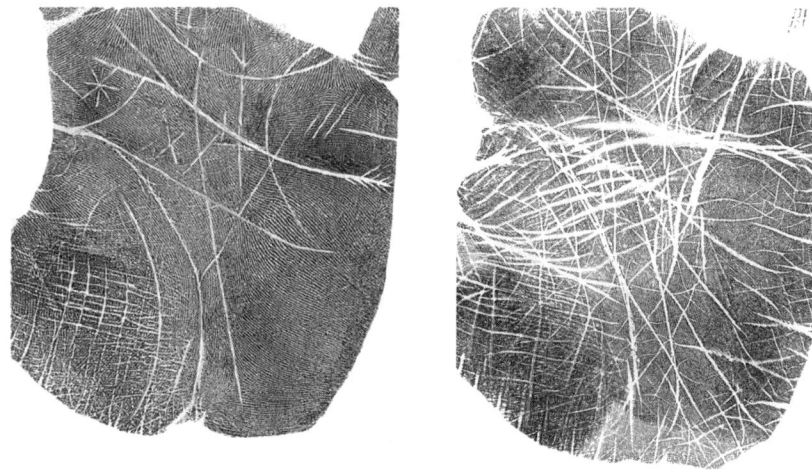

Auf dem linken Bild sind Weisheitszeichen zu sehen. Das Liniennetz rechts lässt auf zahlreiche Hindernisse im Leben schließen.

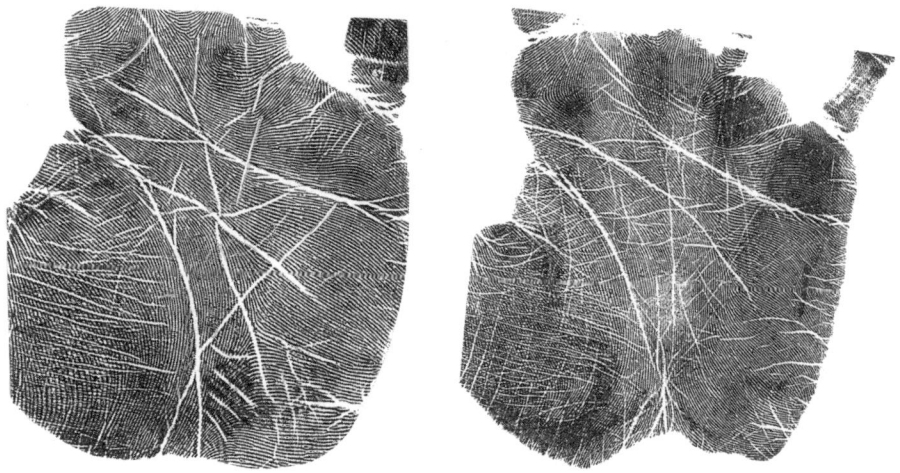

Links sind Haupt- und Nebenlinien gleich stark. Dieser Mensch ist sich seiner Einzigartigkeit bewusst und kann sie mühelos ausdrücken. Auf dem rechten Bild sind die Nebenlinien schwächer. Dieser Mensch ist zögerlicher und leicht abzulenken. Seiner inneren Ressourcen ist er sich nicht vollständig bewusst.

gelt sich in einem ausgeprägten Netz von Nebenlinien wider, das die Hauptlinien und Berge verdeckt. Da unsere Umwelt sich ständig verändert, sind auch die Nebenlinien oft im Fluss. Wenn wir mitten im Wandel ruhig bleiben, sind die Nebenlinien gleich stark wie die Hauptlinien, so

dass die Energie der Berge fließen kann. Die Nebenlinien zeigen uns, wie gut unser Kontakt mit dem tieferen Selbst ist, wenn wir mit alltäglichen Problemen kämpfen.

Tief verwurzelte Überzeugungen sind schwer zu ändern. Darum kostet es Zeit und

Mühe, die Hauptlinien zu modifizieren. Noch schwieriger ist es, Berge zu verändern, da sie das Überbewusste symbolisieren.

Einsame Hauptlinien

Wenn auf der Handfläche nur die Hauptlinien vorhanden sind, lassen wir die Ereignisse in unserem Leben einfach über uns ergehen. Wir freuen uns über das Positive und erdulden die Schwierigkeiten. Wir gehen wie Schlafwandler durchs Leben und merken nicht, dass wir unsere Gefühle und Wünsche besser ausdrücken könnten. Vielleicht sind wir der Meinung, dass wir unsere Fähigkeiten und Ressourcen nicht nutzen können. Die Folge sind Enttäuschungen und Unzufriedenheit.

Zu viele Nebenlinien

Zu viele Nebenlinien sind mit Unkraut vergleichbar: Sie hindern uns an der freien Entfaltung. Wir fühlen uns von unserer Situation überwältigt und lassen uns von äußeren Umständen, flüchtigen Gedanken und Launen ablenken. Da wir uns zu sehr mit dem Alltäglichen beschäftigen, können wir unser inneres Potenzial nicht nutzen. Aber die Nebenlinien spiegeln auch positive Veränderungen wider, oft innerhalb von drei Monaten. Voraussetzung ist, dass wir uns unserer Fähigkeiten bewusst werden.

Nebenlinien zeigen also, ob wir ins Überbewusste eintauchen können, um das bewusste Leben zu bereichern. Wenn wir nur Hauptlinien haben, leben wir eher mechanisch. Nebenlinien lassen dagegen auf ein erwachtes Bewusstsein schließen. Wenn die Berge eine grobe Textur und keine Linien aufweisen, haben wir ihr schöpferisches Potenzial noch nicht angezapft. Fehlende Linien auf einem Berg sind ein Indiz dafür, dass wir die latenten Chancen dieses Berges nicht bewusst nutzen.

Hier sind nur die drei Hauptlinien vorhanden.

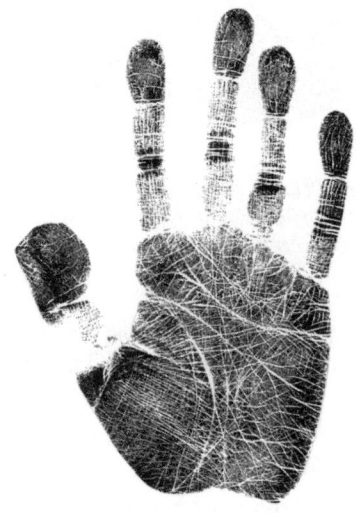

Hier sind zu viele Nebenlinien vorhanden.

3

Welche Hand sollen wir deuten?

Wissenschaftler bezeichnen den Körper des Menschen als bilateral symmetrischen Organismus, denn jede Hälfte hat ein Bein, einen Arm, eine Hand, ein Auge, ein Ohr und so weiter. Aber ganz so symmetrisch sind die beiden Hälften nicht. Neurologen wissen beispielsweise, dass die zwei Hälften des Gehirns unterschiedliche Aufgaben haben. Die rechte Hälfte ist der Sitz der Gefühle, der Intuition, der künstlerischen Begabung und der Raumvorstellung. Die linke Hälfte ist für das logische Denken und die Sprache zuständig. Selbst die beiden Hälften des Gesichts, die auf den ersten Blick identisch erscheinen, weisen subtile, aber erkennbare Unterschiede auf, was Struktur und Ausdruck anbelangt.

Die Handlesekunst erforscht Zusammenhänge zwischen den Denkmustern der Hirnhälften und den Mustern auf der entsprechenden Hand.

Zusammenhänge zwischen Gehirn und Hand

Neurologen haben nachgewiesen, dass die linke Hirnhälfte die rechte Körperseite steuert, weil die Nervenfasern sich kreuzen. Darum dominiert bei den meisten Menschen die linke Seite des Gehirns, die auch die rechte Hand steuert. Bei Linkshändern ist es umgekehrt. Die Handlesekunst erforscht die Zusammenhänge zwischen den Denkmustern der Hirnhälften und den strukturellen Mustern auf der entsprechenden Hand.

Im Allgemeinen dominiert eine der beiden Körperseiten. Die rechte Seite ist bei rund 90 Prozent der Bevölkerung stärker als die linke. Darum ist die rechte Hand meist die dominierende; sie hat den stärkeren Griff (also kräftigere Muskeln), sie ist geschickter und reagiert besser. Die dominierende Hand ist die Hand, die wir benutzen, wenn wir schreiben, zeichnen, nähen, schneiden und so weiter.

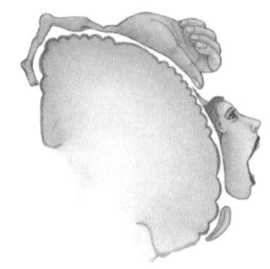

Dr. Wilder Penfield, ein kanadischer Gehirnchirurg, entdeckte die Hirnregionen, die für die Weiterleitung von Informationen an einzelne Körperteile zuständig sind. Dabei wird der motorische Teil der Hirnrinde stimuliert. Es ist erstaunlich, wie groß der Teil des Gehirns ist, der Daumen, Finger und die Hände steuert.

Welche Hand deuten?

Da wir beim Schreiben sehr achtsam und geschickt sein müssen, gilt die „Schreibhand" als aktive Hand. Die aktive Hand symbolisiert unsere Entschlusskraft und die Ziele, die wir anstreben. Die inaktive Hand spiegelt das Vermächtnis der Vergangenheit

A

B

Wie diese Fotos zeigen, ist ein Gesicht nicht symmetrisch. In Abbildung B wurde eine Seite des Gesichts gespiegelt und dadurch verdoppelt. Das Ergebnis ist überraschend!

wider: alte Verhaltensmuster, Gedanken, Wünsche und Einstellungen. Der Vergleich beider Hände zeigt, ob alte, unerwünschte Verhaltensmuster durch positive ersetzt werden. Darum müssen wir beide Hände studieren. Vielleicht sind wir entschlossen, uns zu ändern, und die aktive Hand bestätigt diesen Vorsatz – aber wir müssen auch auf alten Ballast achten, den wir noch mit uns herumschleppen, und den die inaktive Hand enthüllt.

Handleser studieren beide Hände, um mehr über die Denkgewohnheiten in der Vergangenheit und deren Einfluss auf die heutige Bereitschaft zum Wandel herauszufinden. Die Hände spiegeln unsere Bemühungen wider, selbst auferlegte Grenzen zu sprengen. Wenn wir die Hände vergleichen, wird uns klar, woher wir kommen und wohin wir gehen.

Was ist die Vergangenheit?

Nach den alten Texten des *Samudrik Shastra* enthüllt die inaktive Hand alle Erinnerungen, Wünsche und Einstellungen, die wir im Laufe der drei letzten Existenzen gesammelt haben. Wer nicht an Wiedergeburt glaubt, kann die Vergangenheit einfach als Gesamtheit aller Erinnerungen und Verhaltensweisen seiner Ahnen auffassen, die Teil seines genetischen Erbes geworden sind. Die Zeit ist relativ. Einerlei, wie lange es dauert, bis eine Gewohnheit sich bildet, die inaktive Hand macht all jene Charaktereigenschaften sichtbar, die uns zu dem geformt haben, was wir heute sind. Manchmal überspringt ein Persönlichkeitszug eine Generation und tritt dann wieder auf.

An welchem Punkt endet nun die Vergangenheit, und wann beginnt die Gegenwart? Nach dem *Samudrik Shastra* gelangen wir nach dem Tod auf die astrale Ebene. Dort haben wir Gelegenheit, unser Leben zu überdenken und neue Entschlüsse zu fassen. Unberührt von der Last des irdischen Lebens können wir jetzt bewerten, was wir erreicht haben. Sind wir damit zufrieden? Haben wir unser Potenzial genutzt? Welche Wirkung hatte unser Verhalten auf andere? Haben wir anderen geholfen, Kontakt mit tieferen Aspekten ihres Selbstes aufzunehmen? Was wollen wir noch erreichen?

Wenn wir geboren werden, spiegeln die Linien und Zeichen auf der aktiven Hand die neuen Vorsätze wider. Einstellungen, Gedanken und Verhaltensweisen werden auf der inaktiven Hand sichtbar. Im Laufe des Lebens ändern sich die Linien und Zeichen und zeigen uns, ob wir unsere Pläne verwirklicht haben.

Der evolutionäre Fortschritt: Die aktive und die inaktive Hand

Im Idealfall ist auf den Händen ein evolutionärer Fortschritt erkennbar. Rückschritte sind selten. Wenn wir die inaktive mit der aktiven Hand vergleichen, sehen wir, wie unser Charakter sich entwickelt hat.

Die aktive Hand enthüllt Pläne für die nächsten drei Existenzen. Sie ist ein Monitor, auf den wir Bilder des Wandels projizieren, den wir herbeiführen wollen. Gewohnheiten, die sich im Laufe vieler Inkarnationen entwickelt haben, lassen sich allerdings nur schwer überwinden und spiegeln sich wahr-

**Zeichen für evolutionären Fortschritt
auf der aktiven Hand**

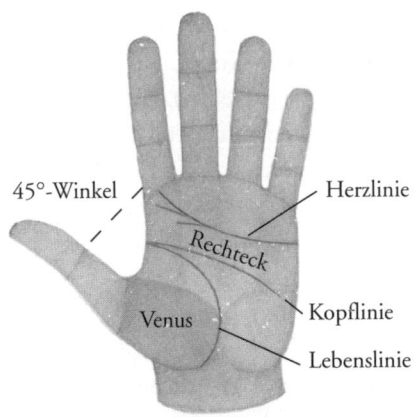

45°-Winkel / Herzlinie

Rechteck

Venus / Kopflinie

Lebenslinie

*Wir müssen viele Faktoren prüfen, um
herauszufinden, ob wir Fortschritte machen.
Günstige Zeichen auf der aktiven Hand sind ein
besserer Daumenwinkel, das Rechteck, Hauptlinien
und der Venusberg.*

scheinlich trotz aller guten Vorsätze hartnä-
ckig auf der inaktiven Hand wider. Der
Wandel braucht eine günstige Umwelt, um
Wurzeln zu schlagen, und wir brauchen genügend Zeit, um Pläne in die Tat umzusetzen; andernfalls setzen sich die Merkmale der
inaktiven Hand erneut durch.

Wir müssen viele Faktoren untersuchen,
um herauszufinden, ob wir Fortschritte
machen. Normalerweise ist der Daumen
der aktiven Hand stärker und steht in einem Winkel von 45 Grad ab. Damit be-
kräftigt er, dass wir an Selbstvertrauen und
Selbstsicherheit gewinnen. Die Finger sind
gerade und zeigen, dass die Selbstverwirklichung uns leichter fällt. Die drei Hauptlinien sind gleichmäßig entwickelt und bestätigen damit unseren Vorsatz, alle Bereiche
unseres Lebens zu harmonisieren. Die ganze Hand ist klarer und weist nicht zu viele
Linien auf, welche die Hauptlinien verde-
cken. Das Rechteck, das von Herzlinie und

Kopflinie gebildet wird, ist gleichmäßiger
und spricht für Ausgewogenheit zwischen
Verstand und Gefühl. Außerdem ist der Venusberg, der den Körper sowie unsere Vitalität und Begeisterung widerspiegelt,
meist länger, breiter und höher – ein Ausdruck des Wunsches, erfüllter zu leben.

Eric – Beispiel einer dominierenden rechten Hand

Eric ist Rechtshänder. Der Kontrast zwischen seinen Händen ist auffällig. Die rechte Hand weist ein gut geformtes Rechteck
auf, während Kopf- und Herzlinie auf der
linken Hand vereinigt sind. Das harmonische Rechteck zeigt, dass Eric entschlossen
ist, künftig ausgewogener zu denken und
zu handeln. Die verschmolzenen Linien auf
der inaktiven Hand warnen ihn vor Subjektivität und zügelloser Begeisterung. In
schwierigen Situationen könnte er in alte
Verhaltensmuster zurückfallen.

Nathan: Wenn die linke Hand dominiert

Da Nathan mit der linken Hand schreibt,
ist dies seine aktive Hand. Manchmal benutzt jemand die weniger progressive Hand
zum Schreiben; dann müssen wir die Linien
und Zeichen auf beiden Händen untersuchen, um die dominierende Hand zu finden.

Auf Nathans linker Hand sind die drei
Hauptlinien ausgewogener als auf der rechten. Herzlinie und Kopflinie sind gleich
lang und bilden ein harmonisches Rechteck. Auf der inaktiven rechten Hand sind
beide Linien ungleichmäßig entwickelt. Die
Lebenslinie auf der linken Hand ist auch
runder als die diagonal geformte Linie auf
der rechten Hand. Letztere enthüllt eine

Eric

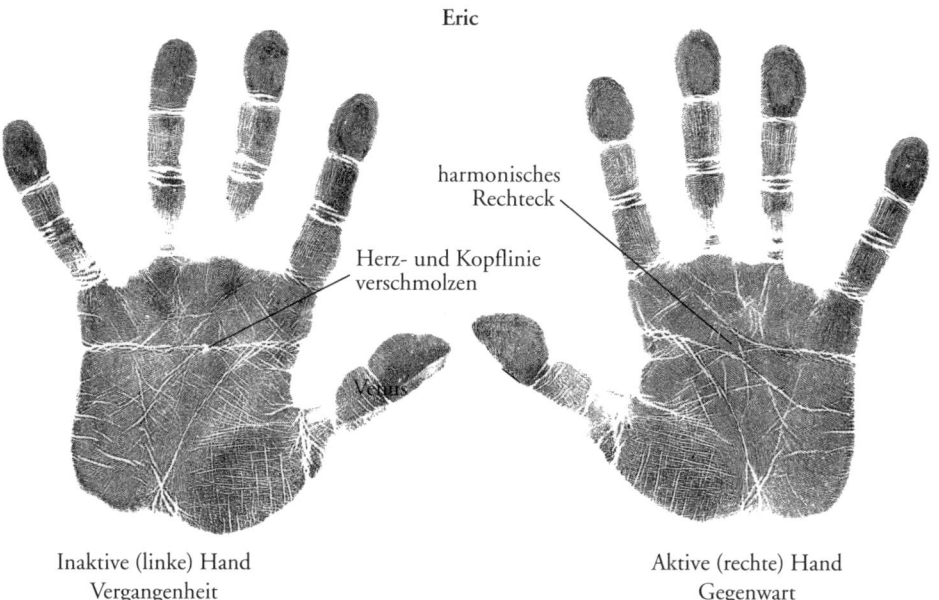

harmonisches
Rechteck

Herz- und Kopflinie
verschmolzen

Venus

Inaktive (linke) Hand
Vergangenheit

Aktive (rechte) Hand
Gegenwart

Wenn wir Erics Hände miteinander vergleichen, sehen wir, dass alte Gedanken und Gewohnheiten das derzeitige Verhalten formen. Erics Entschluss, sich zu bessern, wird auf der aktiven Hand sichtbar. Beachten Sie die Entwicklung der Herzlinie auf der rechten Hand im Vergleich zu der linken.

Nathan

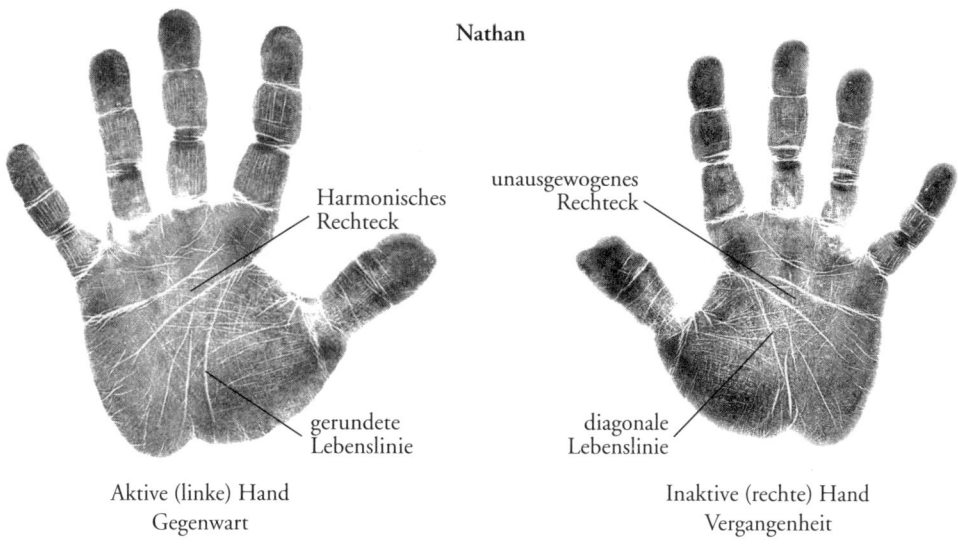

Harmonisches
Rechteck

unausgewogenes
Rechteck

gerundete
Lebenslinie

diagonale
Lebenslinie

Aktive (linke) Hand
Gegenwart

Inaktive (rechte) Hand
Vergangenheit

Nathans Hände bestätigen, dass er sich gut entwickelt hat: von der inaktiven zur aktiven Hand. Die Hauptlinien sind besser geformt.

Neigung, sich das Leben selbst schwer zu machen. Nathan gerät oft in Schwierigkeiten und hat das Gefühl, gegen den Strom zu schwimmen. Die gerundete Lebenslinie auf der linken Hand spiegelt seinen Vorsatz wider, sich der Dynamik jeder Situation anzupassen und angemessen zu handeln. Er will flexibler werden und somit weniger angespannt sein.

Zwar deuten diese Zeichen an, dass Nathan entschlossen ist, künftig lockerer mit sich und anderen umzugehen; aber die negativen Tendenzen auf der rechten Hand sind immer noch da. Er muss sich also vor impulsivem, starrem Verhalten hüten – vor dem Erbe der Vergangenheit.

Die Rolle des Karma

In „The Divine Romance" erklärt Paramahansa Yogananda das Gesetz von Ursache und Wirkung so:

„Wenn du geboren wirst, sind etwa fünfundsiebzig Prozent deines Lebens von deiner Vergangenheit vorherbestimmt. Die restlichen fünfundzwanzig Prozent kannst du gestalten. Wenn du nicht mit deinem eigenen freien Willen und deinen eigenen Bemühungen bestimmst, was aus diesen fünfundzwanzig Prozent wird, gestalten die fünfundsiebzig Prozent sie für dich, und du wirst zur Marionette. Das heißt, dass deine Vergangenheit, die Wirkung deiner vergangenen Tendenzen, dich voll und ganz beherrscht.*

Im Sanskrit heißt das Gesetz von Ursache und Wirkung Karma. Nach der vedischen Philosophie gibt es drei Arten von Karma, die etwas mit der aktiven und inaktiven Hand zu tun haben. Das erste Karma ist *Sanchit*. Es ist die Wirkung all dessen, was wir in früheren Leben bis zu unserer letzten Geburt getan haben. *Sanchit* ist ein Gemisch aus allem positiven und negativen Karma, das wir erzeugt haben, und wir finden es auf der inaktiven Hand. Da es nahezu unmöglich ist, alle Wirkungen der Vergangenheit in einem einzigen Leben zu erfahren, treten wir nur mit einem Teil unseres Karmas in eine neue Existenz. Diesen Teil nennt man *Prarabdh,* und wir finden ihn auf der aktiven Hand. *Kriyaman* ist das Karma unseres freien Willens. Was wir aufgrund unseres freien Willens tun, hat einen unmittelbaren Einfluss auf die Gegenwart und auf die Vergangenheit, wie sie sich auf den Händen widerspiegelt. *Kriyaman* ist der unbekannte Faktor, die Macht unseres Willens und unserer Intelligenz, die es uns erlaubt, vorwärts oder rückwärts zu gehen. Wir können *Kriyaman* positiv nutzen, um unsere Wünsche zu erfüllen und die guten Vorsätze der aktiven Hand zu verwirklichen. Negativ genutzt ist *Kriyaman* unsere Unfähigkeit, positive Entscheidungen zu treffen – wir fallen in alte, schlechte Gewohnheiten zurück und vergrößern dadurch unsere karmischen Schulden.

Wenn wir von unserer kritischen Intelligenz *(Buddhi)* Gebrauch machen, treffen wir angemessene Entscheidungen. Wenn Sinneslust *(Manas)* uns überwältigt, sind unsere Entscheidungen unklug.

---

* Paramahansa Yogananda, *The Divine Romance*; Los Angeles, Self-Realization Fellowship, 1986, S. 304

Die Bedeutung der inaktiven Hand für unsere Beziehungen

Ob wir mit unserem *Kriyaman*-Karma – den fünfundzwanzig Prozent – alte Verhaltens- und Denkmuster überwinden und für einen positiven Wandel sorgen, hängt von unserer Umwelt ab. Sie kann unsere positiven Vorsätze unterstützen oder uns in alte Gewohnheiten zurückfallen lassen.

Eine Deutung beider Hände ist daher besonders wichtig, wenn wir langfristige Beziehungen eingegangen sind, zum Beispiel eine Ehe oder eine geschäftliche Partnerschaft. Solche Bindungen sind nämlich ein wesentlicher Teil unserer Umwelt. Die aktive Hand zeigt, wie wir uns verhalten, und die inaktive Hand enthüllt angeborene Persönlichkeitszüge. Menschen, die heiraten wollen, fühlen sich oft allein von Äußerlichkeiten angezogen. Aber es ist ratsam, auch die Tendenzen der inaktiven Hand zu berücksichtigen, die vielleicht latent vorhanden sind, aber unter bestimmten Umständen aktiviert werden können. Wenn ein anderer Mensch mit unseren guten Vorsätzen harmoniert, verlassen wir uns möglicherweise darauf, dass er uns ermutigt. Es kann aber sein, dass der Partner unbewusste Probleme hat, von denen wir nichts ahnen, so dass ihm im Alltag wenig Energie bleibt, um uns zu unterstützen. Negative Tendenzen des Partners können sogar unsere negativen Tendenzen wecken. Andererseits kann eine solche Partnerschaft auch ein Spiegel sein, der uns Probleme zeigt, die uns in einer weniger intimen Beziehung entgangen wären. Beide Partner müssen aber bereit sein, das Wachstum des anderen zu fördern und nicht in negative Verhaltensmuster abzugleiten.

Mario und Audrey

Mario hat ein harmonisches Rechteck auf der aktiven (linken) Hand. Eine kürzere Herzlinie auf der inaktiven Hand enthüllt jedoch eine unbewusste Neigung, den Verstand auf Kosten der Gefühle zu bevorzugen. Audrey, eine Lehrerin, besitzt ebenfalls ein harmonisches Rechteck auf der aktiven (rechten) Hand und eine kürzere Herzlinie auf der inaktiven. Als die beiden sich begegneten, fühlten sie sich sofort zueinander hingezogen. Beide schätzten die Offenheit und Großzügigkeit des anderen. Mario war davon beeindruckt, wie fürsorglich Audrey mit ihren Schülern umging, und sie fand ihn aufgeschlossen und rücksichtsvoll. Bald wurde aus der Beziehung eine Romanze, und schließlich heirateten sie. Sie glaubten, einander gut zu verstehen, aber Ihre Partnerschaft war noch nicht im Alltag auf die Probe gestellt worden.

Eines Tages traf Mario umfangreiche Vorbereitungen für einen romantischen Wochenendausflug. Audrey rief ihn in letzter Minute an und sagte ab, weil sie Klassenarbeiten korrigieren musste. Ihr war klar, dass Mario enttäuscht sein würde, aber sie verließ sich auf sein rücksichtsvolles Wesen und schlug ihm vor, den Ausflug zu verschieben. Mario war tief verletzt. Er hatte geglaubt, die Partnerschaft habe für Audrey Vorrang – und jetzt ließ sie den geplanten Ausflug ganz unbekümmert platzen. Beide hegten Erwartungen, deren Grundlage die langen Herzlinien auf den aktiven Händen war.

Audrey ärgerte sich, weil Mario nicht verstand, dass sie berufliche Pflichten hatte. Mario war wütend, weil Audrey nicht verstand, wie wichtig ihm dieses Wochen-

Zwei Seelen, die einander ergänzen

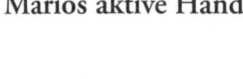

harmonisches
Rechteck

Marios aktive Hand   **Marios inaktive Hand**

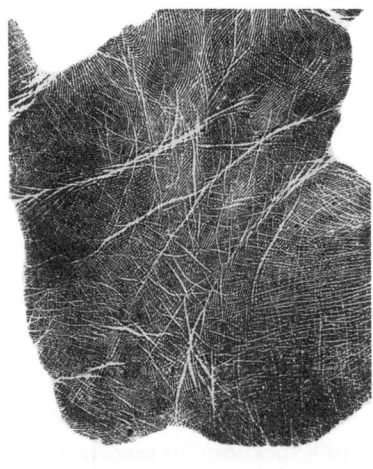

harmonisches
Rechteck

Audreys inaktive Hand   **Audreys aktive Hand**

*Beachten Sie das harmonische Rechteck auf Marios aktiver (linker) Hand: Herz- und Kopflinie sind gleich
lang. Audrey hat ein harmonisches Rechteck auf der aktiven (rechten) Hand.*

ende war. Sie sprachen tagelang nicht miteinander. Beide waren unter dem Druck der Situation in alte Verhaltensmuster zurückgefallen, die sich auf den inaktiven Händen widerspiegelten.

Ein Freund, dem beide vertrauten, machte ihnen die neue Dynamik in ihrer Beziehung verständlich. Es war nicht unvernünftig, dass Mario von seiner Frau erwartet hatte, ihre Zeit besser einzuteilen und sich am Wochenende frei zu nehmen. Aber es war auch nicht unvernünftig, dass Audrey von Mario Verständnis erwartete. Allerdings machte Mario den Fehler, Audrey Rücksichtslosigkeit vorzuwerfen, und sie machte den Fehler, Mario für unflexibel zu halten. Bei beiden waren unerfüllte Erwartungen die Quelle des Zorns. Obwohl sie unabhängig von den Umständen liebevoll sein wollen, wie ihre langen Herzlinien auf der aktiven Hand zeigen, müssen Audrey und Mario noch hart arbeiten, damit ihre Vorsätze Wirklichkeit werden, denn ihnen fehlen starke Herzlinien auf der inaktiven Hand als Unterstützung.

Aidan: Fortschritte sind erkennbar

Aidan hat einen überentwickelten negativen Marsberg auf der inaktiven Hand. Das ist ein Indiz für Unbeherrschtheit. Auf der aktiven Hand ist dieser Berg besser entwickelt – ein Zeichen dafür, dass Aidan sich fest vorgenommen hat, seine Gefühlsausbrüche in den Griff zu bekommen.

Wir würden Aidan nicht raten, in einer aufregenden Umgebung zu arbeiten oder eine Frau zu heiraten, die sein hitziges Temperament herausfordert. Aidan braucht ein friedliches Umfeld und genügend Zeit, um seinen guten Vorsatz in die Tat umzusetzen.

Kreative Spannungen: Die Dynamik des Wandels

Die Unterschiede zwischen der aktiven und der inaktiven Hand symbolisieren nicht nur unseren Entschluss, alte negative Tendenzen zu überwinden, sondern sie können auch den Drang auslösen, ein Verhaltensmuster durch ein anderes zu ersetzen.

Marlenes Herzlinie ist auf beiden Händen gleich lang. Da sie von Natur aus warmherzig und aufgeschlossen ist, hat sie nicht den Wunsch, hier etwas zu verbessern. Ihre Kopflinie ist jedoch auf beiden Händen sehr unterschiedlich entwickelt. Auf der inaktiven Hand wirkt sie aufgelöst und weist somit auf Verwirrung und fehlende Konzentration hin. Auf der aktiven Hand ist die Kopflinie besser ausgeprägt und bestätigt, dass Marlene sich durchaus zusammennehmen kann. Sie möchte ein Kochbuch schreiben; doch jedes Mal, wenn sie anfängt, lässt sie sich von Angehörigen ablenken, die sie um Hilfe bitten. Ihrer Großzügigkeit – der starken Herzlinie – steht keine auf beiden Händen gleich starke Kopflinie gegenüber. Das ist ein Hinweis auf den Lebensbereich, den sie unbedingt verbessern möchte. Der Schmerz, den sie jedes Mal spürt, wenn es ihr nicht gelingt, ihr Ziel zu erreichen, wird sie entweder veranlassen, ihren Traum aufzugeben, oder ein Ansporn für eine Wende sein.

Wenn zwischen den Merkmalen beider Hände ein Widerspruch besteht, liegt ein inneres Ungleichgewicht vor. Die Folge ist ein Unbehagen, das der „göttlichen Unzufriedenheit„ ähnelt, die uns zu Fortschritten antreiben kann.

Wenn zum Beispiel ein kleines Kind versucht, seinem Vater die Treppe hinauf zu folgen, aber seine Beine zu kurz sind, so ist

Aidan

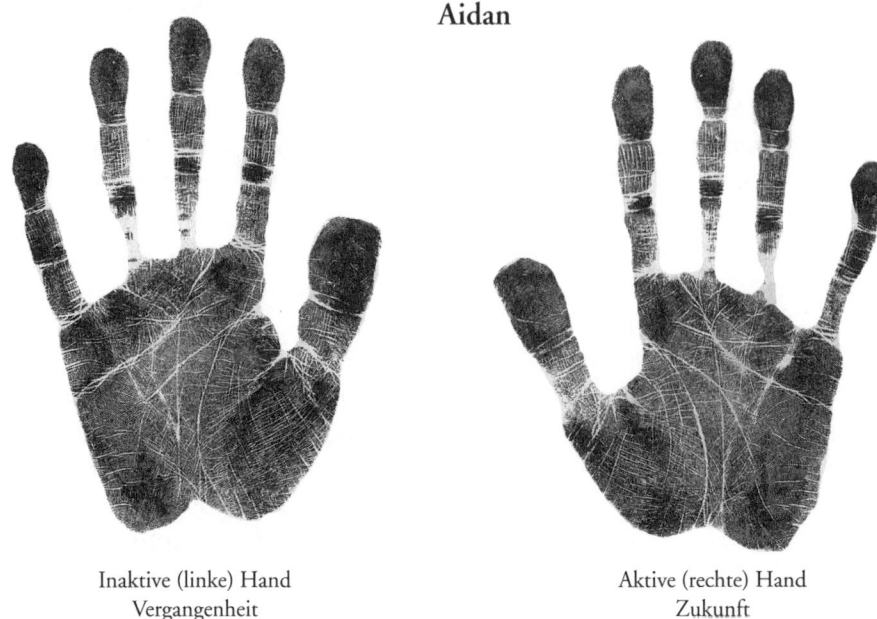

Inaktive (linke) Hand
Vergangenheit

Aktive (rechte) Hand
Zukunft

Beachten Sie den überentwickelten negativen Marsberg auf Aidans inaktiver Hand.

Marlene

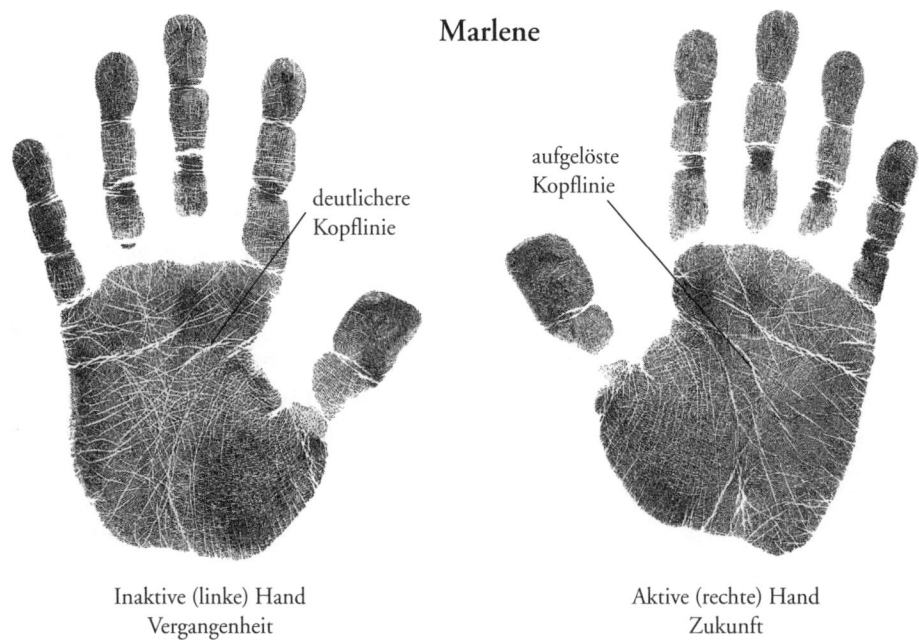

aufgelöste
Kopflinie

deutlichere
Kopflinie

Inaktive (linke) Hand
Vergangenheit

Aktive (rechte) Hand
Zukunft

Die Kopflinie zeigt Marlene, wo sie sich unbedingt weiterentwickeln muss.

dies den Diskrepanzen zwischen den Linien auf den Händen vergleichbar. Das Kind will dem Vater unbedingt nacheifern, und eines Tages wird es ihm gelingen.

Auch der Drang zum Wandel, den eine starke Linie auf der aktiven Hand sichtbar macht, wird mit der Zeit dazu führen, dass die entsprechende Linie auf der inaktiven Hand ebenso lang und stark wird. Jede Diskrepanz zwischen den Händen weist daher auf ein akutes Problem hin und eröffnet zugleich die Chance auf Transformation.

Der Lohn der Mühe ist gewiss. Wenn wir die beiden Hände harmonisieren, werden auch die beiden Hirnhälften angeregt. Wir müssen das Bewusste (aktive Hand) mit dem Unbewussten (inaktive Hand) in Einklang bringen, damit wir verstehen, wer wir sind, woher wir kommen und was wir werden.

Wenn ein bestimmtes Merkmal auf beiden Händen gleich ist, verspüren wir keine „göttliche Unzufriedenheit„„, die unsere Evolution fördern würde. Es fällt uns zum Beispiel schwer, die Gefühle anderer zu respektieren, wenn die Herzlinien auf beiden Händen kurz sind. Wir denken gar nicht darüber nach, wie unser Verhalten andere Menschen beeinflusst, und wir sind kaum bereit, uns zu ändern. Eine längere Herzlinie auf der aktiven Hand bestätigt dagegen, dass wir anders werden wollen.

Umfassende Änderungen

Die aktive Hand spiegelt wider, was wir mühsam erreichen wollen. Die inaktive zeigt, woher wir kommen. Ein großer Unterschied zwischen den Linien und Zeichen' der beiden Hände kann eine große Herausforderung enthüllen: Wir sind entschlossen, unser Leben drastisch zu ändern, und die aktive Hand bestätigt diesen Vorsatz; aber Zeichen auf der inaktiven Hand lassen darauf schließen, dass es schwer sein wird, den Plan in die Tat umzusetzen.

Vielleicht erkennen wir im Zwischenstadium nach dem Tod und vor der Wiedergeburt, dass wir unser voriges Leben nicht optimal genutzt haben, und beschließen, das Versäumte nachzuholen. Doch in unserer Begeisterung übersehen wir die Kluft zwischen dem, was wir unserem Wesen nach sind (die inaktive Hand macht es sichtbar), und unseren hohen Erwartungen, die zu wenig Unterstützung bekommen (wie die aktive Hand zeigt). Die Folge kann ein heftiger Kampf sein, der uns auf einer sehr tiefen Ebene erschöpft. Es kommt zu einer existenziellen Krise nach der anderen, währen wir zwischen dem alten und dem gegenwärtigen Selbst hin und her geworfen werden. Wenn wir jedoch solche Diskrepanzen auf den Händen entdecken, haben wir die Chance, schnelle Fortschritte zu machen. Wir brauchen dann nur konzentriert an uns zu arbeiten, ohne uns von Gefühlen der Hilflosigkeit überwältigen zu lassen.

Reibungen und Unbehagen sind normale Bestandteile des Wachstums. Sie erinnern uns daran, dass wir immer noch auf dem Weg sind und von ihm nicht abirren dürfen, und sie veranlassen uns zu weiteren Veränderungen.

Wenn wenig geschieht

Unterschiede auf den Händen deuten darauf hin, dass sich etwas in unserem Leben ändert. Wenn wir zum Beispiel auf der inaktiven Hand eine kurze Herzlinie finden, auf der aktiven aber eine lange, wollen wir liebevoller werden und arbeiten bewusst auf dieses Ziel hin. Aber der Wandel kann auch ein Rückschritt sein. Dann übernimmt die aktive Hand die Disharmonien der inaktiven.

Es kommt zwar selten vor, aber manchmal sind die Linien beider Hände nahezu gleich entwickelt. Das bedeutet, dass wir Ferien machen. Dafür gibt es zwei mögliche Gründe. Einmal kann es sein, dass wir keine Notwendigkeit sehen, uns zu ändern, und infolgedessen auch nicht motiviert sind. Wellenlinien auf beiden Händen deuten zum Beispiel auf Unschlüssigkeit hin – aber nichts bewegt uns, etwas daran zu ändern. Eine gewellte Kopflinie auf der inaktiven Hand und eine gerade auf der aktiven zeigen, dass wir allmählich zuverlässiger werden, aber noch hart an uns arbeiten müssen.

Ähnliche Muster auf beiden Händen können aber auch bedeuten, dass wir auf ein bestimmtes Ziel hingearbeitet haben und derzeit zufrieden sind. Wenn wir zum Beispiel liebevoller geworden sind, was eine lange Herzlinie auf beiden Händen bestätigt, brauchen wir uns derzeit nicht zu ändern.

Maurice:
Eine rückläufige Entwicklung

Dieses Fallbeispiel ist komplexer als die bisherigen. Ein kurzer Blick auf Maurices Hände erweckt den Eindruck, dass die rechte Hand die aktive ist: Sie hat einen runderen Venusberg und eine längere Lebenslinie; eine längere Kopflinie ohne Störungen (beachten Sie die Insel auf der Kopflinie der linken Hand); eine Herzlinie, die bis zum

Jupiterberg reicht (auf der linken Hand krümmt sie sich hinab zur Kopflinie und versperrt die „Landebahn der Engel„) sowie einen stärkeren Daumen mit einem dynamischeren Willensglied. Das alles sind positive Merkmale. Dennoch dominiert bei Maurice die linke Hand; die rechte ist also die inaktive.

Die vedischen Handdeutungsschriften erklären dieses Phänomen. Maurice warf auf der Astralebene einen kritischen Blick auf seine Vergangenheit. Er fasste neue Entschlüsse, bekam aber kurz vor der neuen Inkarnation kalte Füße. Anstatt mit all seinen guten Vorsätzen vorwärts zu marschieren, zögerte er und beschloss, auf vertrautem, sicherem Gelände zu bleiben.

Mit der Zeit fühlte er sich jedoch eingeengt. Er spürte, dass er mehr erreichen konnte. Also übte er seine weiter fortgeschrittene inaktive Hand, indem er mit ihr in sein Tagebuch schrieb. So stimulierte er die linke Hirnhälfte. Er schrieb jeden Abend mindestens eine Viertelstunde, und nach einem halben Jahr sah er positive Ergebnisse.

Nach der vedischen Literatur können wir die Gehirnhälfte, die den verborgenen Schatz der guten Vorsätze enthält, dadurch aktivieren, dass wir die Hand auf der anderen Körperseite häufiger benutzen. Dadurch sprengen wir die Grenzen, die uns daran hindern, bereits geschmiedete Pläne zu verwirklichen. Menschen, die mit ihrer weniger entwickelten Hand schreiben, sind oft empfindsam und ein wenig beidhändig veranlagt.

Zum Glück war Maurice Pianist und hatte kräftige Hände. Darum fiel es ihm nicht schwer, mit der rechten Hand zu schreiben. Im Laufe der Zeit reagierte er in

Maurice

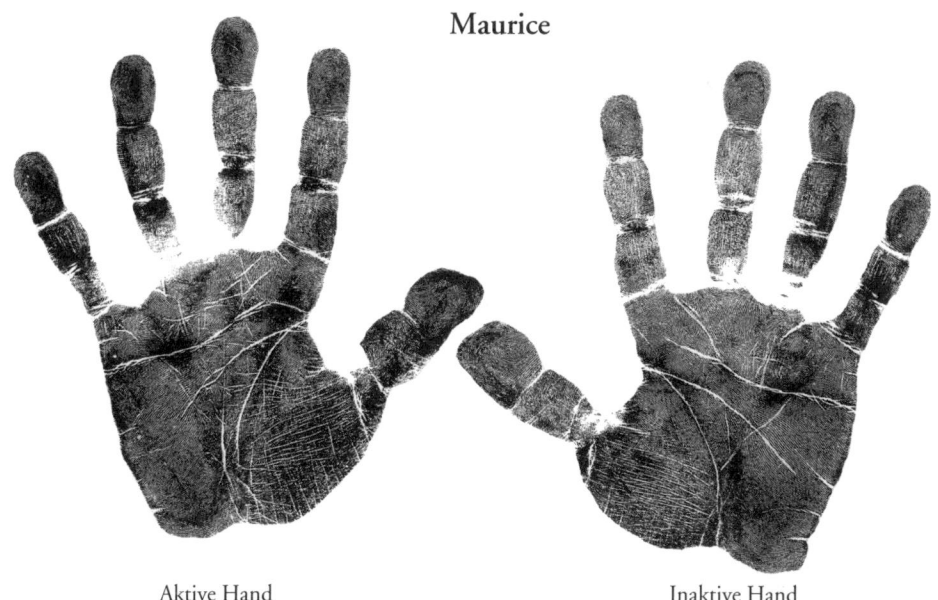

Aktive Hand   Inaktive Hand

Ein kurzer Blick auf Maurices Hände erweckt den Eindruck, dass die rechte Hand die aktive ist, weil ihre Linien besser ausgeprägt sind. Aber dies ist einer jener seltenen Fälle, in denen ein Mensch seine weniger entwickelte Hand benutzte, als der Abdruck gemacht wurde.

bestimmten Situationen anders als früher, und er packte Chancen am Schopfe, die er sich bisher hatte entgehen lassen. Der Wandel auf seinen Händen löste sogar einen Karrieresprung aus, und er nahm mit großem Erfolg Platten auf. Aus Maurice wurde ein Rechtshänder. Solche Fälle sind selten, und es ist nicht ratsam, diesem Beispiel nachzueifern, ohne beide Hände intensiv studiert zu haben.

Ned: der Beidhänder

Wer beidhändig veranlagt ist, kann sowohl die rechte als auch die linke Hand für feinmotorische Tätigkeiten benutzen, etwa zum Schreiben. Das mag uns als Vorteil erscheinen; aber es deutet darauf hin, dass wir uns nicht auf bestimmte, sich entwickelnde Aspekte unserer Natur konzentrieren können. Keine Hand ist inaktiv oder aktiv. Wir zerstreuen unsere Energie und werden verwirrt und unsicher.

Wenn die Hände eine außergewöhnliche Begabung widerspiegeln, können wir von der Beidhändigkeit profitieren. Ansonsten ist sie eher ein zweifelhaftes Geschenk. Wahrscheinlich begegnen wir auch anderen Menschen mit gemischten Gefühlen, weil wir selbst ambivalent sind. Manchmal fällt es uns schwer, entschlossen, konzentriert und ruhig zu sein. Koordination, Genauigkeit, ein ausgewogenes Urteil und Standhaftigkeit wollen entwickelt sein. Da wir eher flatterhaft sind, können wir uns nicht frei ausdrücken. Nur wenn wir unser Zögern überwinden, werden wir geistig entschlossener und dynamischer.

Häufig wird eine Beidhändigkeit jedoch zu Unrecht angenommen. In den meisten

Ned

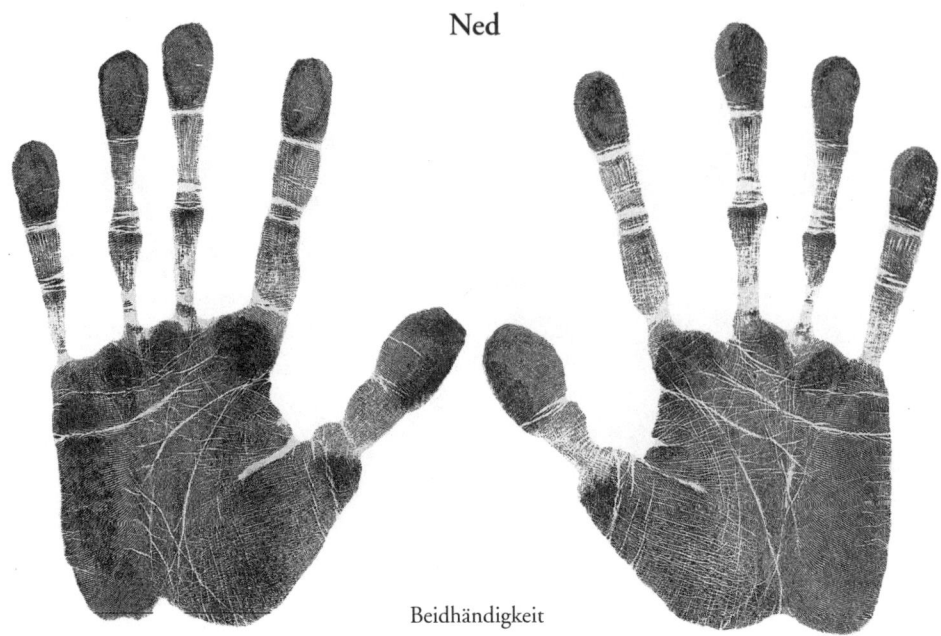

Beidhändigkeit

Obwohl Ned beide Hände gleichermaßen benutzt, schreibt er lieber mit der linken Hand.
Die rechte Hand zeigt jedoch größere Fortschritte. Beachten Sie die größere Stabilität des Venusberges und
des Mondberges, die längere Herzlinie und Lebenslinie sowie das harmonischere Rechteck.

Audrey

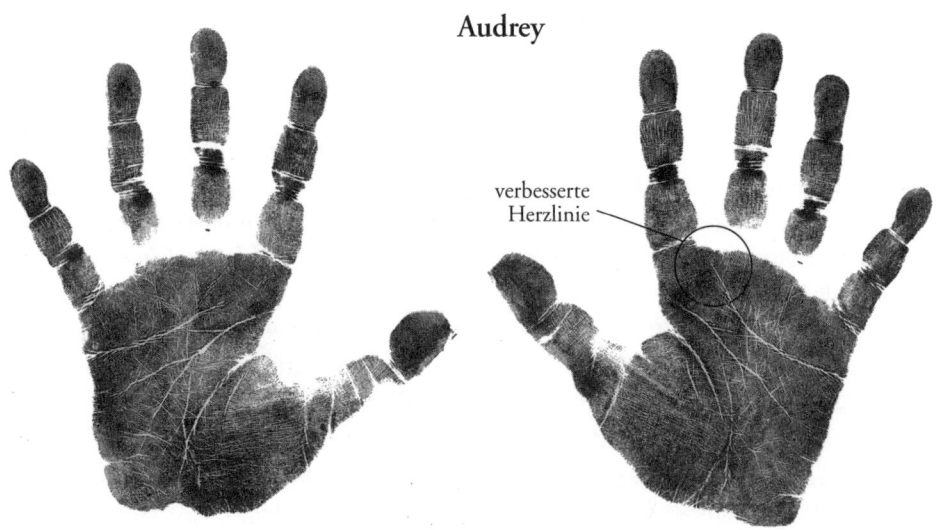

verbesserte
Herzlinie

Inaktive Hand   Aktive Hand

Die ausgeprägte Herzlinie auf der aktiven rechten Hand bestätigt Audreys Entschluss,
mitfühlender zu werden.

Fällen dominiert eine Hand. Aufschluss-reich ist nicht nur, welche Hand wir zum Schreiben benutzen, sondern auch, auf welcher Seite wir am liebsten schlafen, wel-chen Fuß wir zuerst bewegen, wenn wir gehen, welches Auge empfindlicher ist (und als erstes weint) und mit welcher Hand wir nach einem heruntergefallenen Gegenstand greifen. Wenn die vermutlich dominieren-de Hand auch noch ausgeprägtere Linien und Zeichen hat, können wir uns darauf konzentrieren, diese Hand zu kräftigen, indem wir sie bei feinmotorischen Arbei-ten benutzen.

Den Fortschritt verfolgen

Wir können nicht nur Fortschritte von der inaktiven zur aktiven Hand verfolgen, son-dern auch Veränderungen im Leben. Sol-che Veränderungen können die Folge sein, wenn wir umziehen oder wenn sich unsere Prioritäten und Einstellungen wandeln. Wenn wir beispielsweise befördert werden, kann sich dieser Erfolg in einer stärkeren Sonnenlinie widerspiegeln. Dieselbe Beför-derung kann aber auch Angst auslösen und dazu führen, dass die Sonnenlinie schwä-cher wird. Wir können nicht immer ent-scheiden, in welcher Umgebung wir leben; aber es liegt an uns, wie wir darauf reagie-ren. Unsere Hände halten solche Verände-rungen fest.

Audrey:
Sichtbarer Fortschritt

Die ausgeprägte Herzlinie auf der aktiven rechten Hand symbolisiert Audreys Wunsch, mitfühlender zu werden. Die Herzlinie auf der inaktiven Hand zeigt, dass es ihr noch schwer fällt, Gefühle auszudrücken. Selbst

wenn wir mit unseren Gefühlen großzügi-ger sein wollen, fallen wir leicht in alte, ne-gative Gewohnheiten zurück; es sei denn, wir bemühen uns unablässig, die alten Verhal-tensmuster durch neue zu ersetzen.

Eine Serie von Handabdrucken, in re-gelmäßigen Abständen gemacht, bestätigt unsere Fortschritte. Wenn die Herzlinie auf der aktiven Hand verblasst und der Linie auf der inaktiven Hand ähnlich wird, fehlt uns entweder eine günstige Umgebung oder die Willenskraft. Wird die Herzlinie auf der inaktiven Hand so stark wie die auf der ak-tiven, wird unser Wunsch Wirklichkeit.

Wenn Linien auf der inaktiven Hand sich ändern

Die aktive Hand ändert sich am häufigs-ten, weil sie unser jetziges Leben widerspie-gelt. Allerdings sind Änderungen auf der inaktiven Hand – selbst wenn sie klein sind – noch bedeutsamer, denn sie sind ein Zei-chen für einen Wandel unseres Wesens.

Lillian:
Änderungen auf der inaktiven Hand

Manchmal ändert sich die inaktive Hand deutlicher als die aktive. Lillians inaktive Hand zeigt schon drei Monate nach dem ersten Abdruck tiefgreifende Veränderungen. In der vedischen Handdeutung gleicht die inaktive Hand den Wurzeln einer Pflanze, während die aktive Hand der Blüte ähnelt, die gut zu sehen ist. Die Wurzel gibt Aus-kunft über unsere letzten drei Existenzen; die Blüte symbolisiert karmisch wirksame Be-schlüsse. Wenn die inaktive Hand sich än-dert, verlagern sich also unsere Wurzeln.

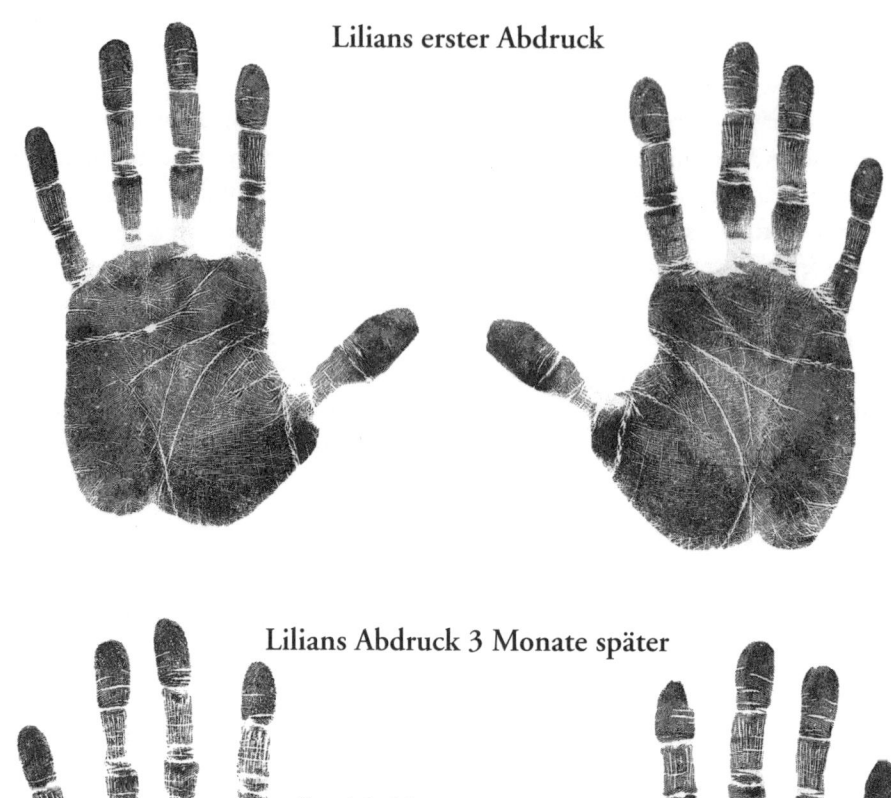

Lilians erster Abdruck

Lilians Abdruck 3 Monate später

Gürtel der Venus

Kopflinie

Merkurlinie

Inaktive Hand   Aktive Hand

Beachten Sie, wie Lillians Hand sich nach drei Monaten verändert hat. Die aktive Hand hat sich kaum entwickelt, aber auf der inaktiven ist jetzt ein Venusgürtel zu sehen. Außerdem sind die Kopflinie und die Merkurlinie länger geworden.

Können wir die Vergangenheit umschreiben?

Wenn die inaktive Hand unsere Vergangenheit widerspiegelt, können wir dann mit den Linien und Zeichen auch die Vergangenheit ändern? Können wir unsere Geschichte neu schreiben und ungeschehen machen, was geschehen ist? Sehen wir uns Audreys Abdrucke noch einmal an.

Die kurze Herzlinie auf der inaktiven Hand ist die Folge ihres früheren lieblosen Verhaltens. Doch irgendwann verspürte sie Reue und beschloss, mitfühlender zu werden. Das geschah entweder am Ende ihres letzten Lebens oder im astralen Zwischenstadium. Diesen Entschluss bestätigt die längere Herzlinie auf der aktiven Hand. Aber Audreys Gefühlskonto befindet sich immer noch in den roten Zahlen. Trotz ihres guten Vorsatzes zieht sie als Folge ihres vorigen Lebens noch Menschen an, die

sie schlecht behandeln. Ob die neue Audrey alte Schulden zurückzahlt oder weitere Schulden macht, hängt davon ab, wie sie auf das negative Verhalten anderer reagiert. Wenn sie sich ihrer einstigen Lieblosigkeit nicht bewusst wird, fühlt sie sich als schuldloses Opfer und wird noch menschenfeindlicher. Dann schrumpft die Herzlinie auf der aktiven Hand, und Audrey fällt in alte Verhaltensmuster zurück. Wenn sie jedoch beharrlich daran arbeitet, trotz aller Widerstände mitfühlender zu werden, wird die Herzlinie auf der inaktiven Hand wachsen und die Erwartungen der anderen Herzlinie widerspiegeln. Der Vorsatz, zu anderen Menschen liebevoller zu sein, ist dann kein Wunsch mehr, sondern Wirklichkeit – die karmischen Schulden sind bezahlt.

Heißt das, dass Audrey ihre früheren Fehler rückwirkend beseitigen kann? Wir stellen uns die Ereignisse als lineare Kette

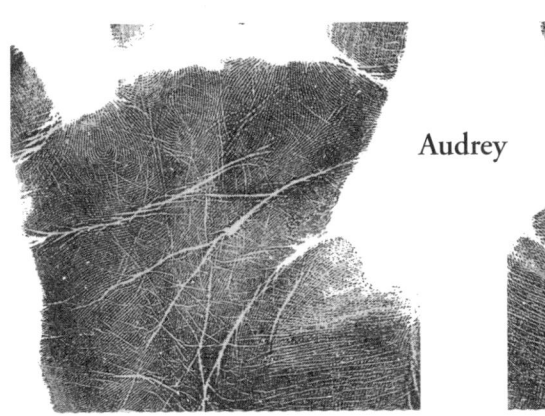 

Audrey

Inaktive Hand · Aktive Hand

Wiederholte Handabdrucke zeigen, ob die Herzlinie auf der inaktiven Hand wächst oder auf der aktiven Hand schrumpft. Wenn Audrey entschlossen bleibt, liebevoller zu werden, wird die Herzlinie auf der inaktiven Hand wachsen und den guten Vorsatz widerspiegeln, den die Herzlinie auf der aktiven Hand bestätigt.

vor, als endliche Punkte in Zeit und Raum. In der vedischen Handdeutung sind Zeit und Raum jedoch bedeutungslos, weil es ihr vor allem um die unendliche Seele geht. Merkmale auf der inaktiven Hand, die negative Verhaltensmuster symbolisieren, machen uns darauf aufmerksam, dass wir den Kontakt mit unserer Seele verloren haben. Die Handdeutung untersucht, ob der Intellekt sich vom Bewusstsein trennt, indem er sich mit jedem einzelnen Ereignis identifiziert, oder ob wir – wie die Yogis im höchsten Bewusstseinszustand *(Samadhi)* – im Augenblick leben und dennoch mit dem Bewusstsein verbunden bleiben können.

Wir können die Herzlinie mit einer Glühbirne vergleichen. Wenn wir den Schalter nicht betätigen, sehen wir kein Licht. Das heißt aber nicht, dass kein Strom vorhanden ist. Wenn Audreys kurze Herzlinie Lieblosigkeit widerspiegelt, so bedeutet das nicht, dass keine Liebe da ist. So-

bald sie mehr auf andere eingeht, schaltet sie das Licht ein, und die Liebe kann fließen. Vielleicht muss sie noch alte Schulden zurückzahlen; aber wenn sie das tut, erfüllt sie ihren auf der astralen Ebene gefassten Vorsatz.

Die Hauptlinien und die Schicksalslinie als Uhren

Wir können positive und negative Lebensphasen auf unseren Händen verfolgen. Obwohl das mit jeder Handlinie möglich ist, wollen wir uns hier auf die Hauptlinien und die Schicksalslinie beschränken (siehe Abbildung links).

Suchen Sie zunächst Punkt A (Wurzel des Jupiterfingers) und Punkt B (Daumenwurzel). Ziehen Sie einen Bogen AB von A nach B, und teilen Sie ihn bei C in der Mitte. Suchen Sie Punkt D (Wurzel des Merkurfingers) und darunter Punkt E. DE sollte gleich lang sein wie AC. E befindet sich meist dort, wo die Herzlinie endet. Ziehen Sie CE als Grundlinie der mentalen Berge. Teilen Sie CE bei F, CF bei G und FE bei H. Ziehen Sie die senkrechten Linien GI, FJ und HK. Die Punkte I, J und K befinden sich in der Regel zwischen den Fingern. Diese Linien grenzen an den Jupiter-, Saturn-, Sonnen- und Merkurberg. Die Zeitzonen CG, GF, FH und HE umfassen die Jahre 0-21, 21-42, 42-63 und 63 aufwärts. Jeden Sektor teilen Sie in drei Abschnitte zu je sieben Jahren. Jetzt können Sie Ereignisse, die mit der Kopf- oder Herzlinie zu tun haben, auf der Linie CE verfolgen. Ziehen Sie eine Senkrechte auf und durch CE, die bis zur Linie reicht, die Sie deuten möchten.

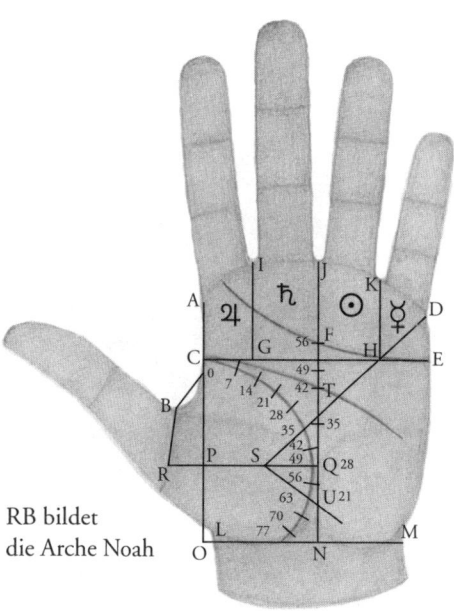

RB bildet die Arche Noah

Die Linien als Uhren

Die Linie LM ziehen Sie, indem Sie zunächst Punkt L suchen, der sich an der Basis des Venusberges am Übergang zum Handgelenk befindet. LM ist eine Parallele zu CE und endet an der Basis des Mondberges. Diese beiden Berge sind aber nicht immer gleich lang. Darum kann LM die Basis des Mondberges schneiden, wenn dieser Berg überentwickelt (zu lang) ist, und es kann eine Lücke zwischen LM und der Basis des Mondberges erscheinen, wenn der Berg unterentwickelt (zu kurz) ist.

Nun suchen wir die Mitte des Venusberges. Sie finden Punkt N, wenn Sie LM in der Mitte teilen. Ziehen Sie NF als Senkrechte auf LM. Verlängern Sie LM unter der Daumenwurzel. Ziehen Sie OC als Senkrechte auf O, und teilen Sie OC bei P. P ist das Zentrum der waagrechten Achse des Venusberges. Ziehen Sie PQ mit gleicher Länge wie ON und parallel dazu. Verlängern Sie PQ bis zur Daumenwurzel. Punkt R liegt dort, wo diese Linie die Arche Noah schneidet, das Gelenk, das den Daumen mit dem Venusberg verbindet. Teilen Sie RQ bei S. Punkt S ist die Mitte des Venusberges.

Ziehen Sie die Diagonale SD, die NF bei T teilt. Punkt U liegt auf NF unter Q, so dass Q die Linie TU teilt. Ziehen Sie nun SU. Jetzt ist die Lebenslinie eine Uhr: ST schneidet die Linie bei 35 Jahren; SQ schneidet die Linie bei 49 Jahren und SU schneidet sie bei 63 Jahren. Zeichnen Sie neun gleiche Abschnitte auf die Lebenslinie zwischen C (Alter 0) und dem Schnitt mit SU (Alter 63). Jeder Abschnitt symbolisiert eine Periode von sieben Jahren: 7, 14, 21, 28, 35, 42, 49, 56 und 63. Weitere Abschnitte können Sie hinzufügen: 70, 77 und so weiter.

Mit der Schicksalslinie können Sie ebenso verfahren wie mit der Lebenslinie:

SU teilt die Linie im Alter von 21 Jahren, SQ im Alter von 28 und ST im Alter von 35 Jahren. Drei gleich große Abschnitte zu je sieben Jahren stehen für das Alter von 42, 49 und 56 Jahren; sie liegen zwischen 35 und dem Punkt, an dem die Schicksalslinie die Herzlinie schneidet. Die Schicksalslinie finden Sie zu beiden Seiten von NF. Wenn nötig, verlängern Sie ST, SQ und SU, damit sie die Schicksalslinie schneiden.

Dean: Der verlorene Venusgürtel

Dean hatte im Alter von 21 Jahren einen schönen Venusgürtel, ein Zeichen für künstlerisches Talent. Im Alter von 28 Jahren war der Gürtel jedoch völlig verschwunden. War Dean also nie kreativ?

In der vedischen Handdeutung prüfen wir ein bestimmtes Muster anhand des Anfangs und des Endes der Linien. In Deans Fall deutet der verschwundene Venusgürtel darauf hin, dass er seine Begabung nicht gefördert hat. Seine Interessen haben sich geändert – er eröffnete eine chemische Reinigung und hörte auf zu malen.

Liam: Eine Erinnerung an die Vergangenheit

Wenn eine Linie die Länge oder den Ursprung ändert, so ist dies ein Zeichen für eine Bewusstseinsänderung. Als Liam siebzehn war, starb seine Großmutter. Damals begann seine Herzlinie im Alter von 21 Jahren. Für Liam war der Tod der Großmutter kein aufwühlendes Ereignis.

Vier Jahre später, als er 21 Jahre alt war, hatte Liam stärkere Gefühle, und in den folgenden Jahren wurde er reifer und empfindsamer. Dadurch änderte sich auch der Ursprung der Herzlinie. Beim zweiten

Dean

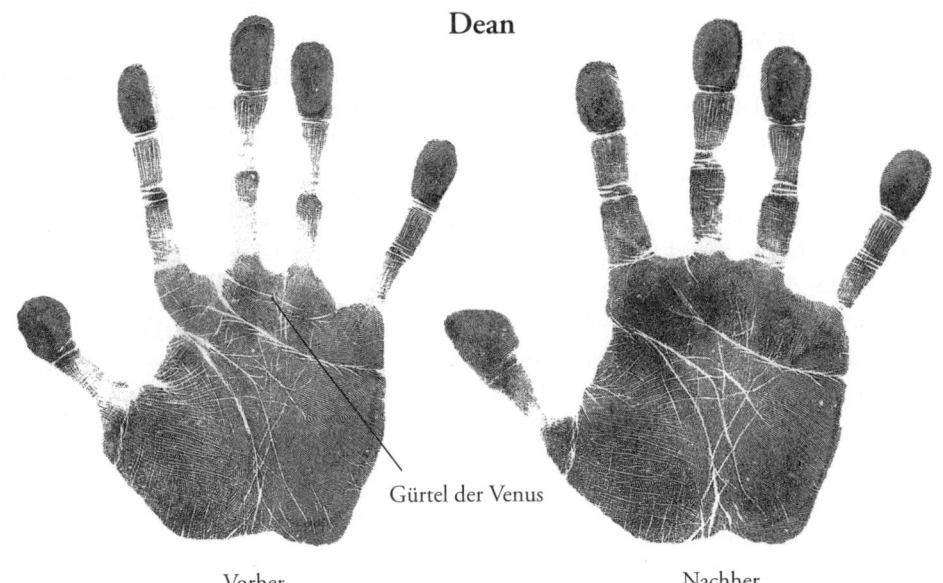

Gürtel der Venus

Vorher   Nachher

Beachten Sie, dass der Venusgürtel auf dem rechten Abdruck verschwunden ist.

Anfang der Herzlinie mit 21   **Liam**   Anfang der Herzlinie mit 16

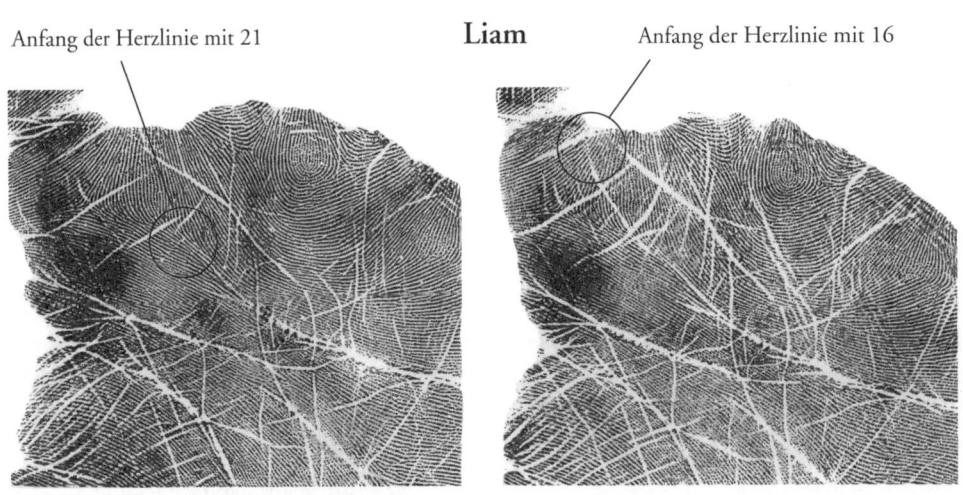

Abdruck im Alter von 17 Jahren   Abdruck im Alter von 30 Jahren

Beachten Sie die verlängerte Herzlinie auf dem zweiten Abdruck.

Handabdruck war Liam Anfang dreißig, und seine Herzlinie begann im Alter von 16 Jahren.

Wenn Liam zurückblickt, überfluten ihn Erinnerungen an die Großmutter. Jetzt spürt er, wie groß der Verlust war. Als Siebzehnjähriger war er dazu noch nicht imstande.

Die Entwicklung der Linien und Zeichen ist die Folge positiver und negativer Gedanken. Sie spiegeln die Umstände wider, die wir wahrscheinlich anziehen, und die Verhaltensmuster, die sich wahrscheinlich herausbilden werden. Linien und Zeichen, die mit Ereignissen in unserem Leben zusammenfallen, geben nicht nur über die Natur dieser Ereignisse Auskunft, sondern auch darüber, ob wir uns unserer Gedanken, Gefühle und Verhaltensweisen bewusst waren oder sind. Reagieren wir verletzend oder hilfsbereit und liebevoll? Sehen wir die Ereignisse, die wir anziehen, objektiv, und bleiben wir dabei seelisch und geistig im Gleichgewicht? Unser Lebensweg ist ein Unterricht, der uns hilft, empfindsamer und bewusster zu werden.

Liams Bewusstheit nahm nach seinem siebzehnten Lebensjahr zu. Wer wir sind und wer wir sein werden ist eine wichtige evolutionäre Frage. Es geht jedoch um das Bewusstsein, nicht darum, ob Liam mit siebzehn oder mit siebzig Fortschritte macht. Der Anfang der Hauptlinien zeigt, wann wir bewusster werden. Das bedeutet nicht, dass wir in der Vergangenheit dieser Existenz oder einer früheren leben sollen; entscheidend ist, wie bewusst wir leben. Wir müssen in der Gegenwart leben, denn dort spielt sich unsere Entwicklung ab.

Wenn wir uns der Lebenszyklen bewusst sind, verstehen wir den Sinn des Lebens besser. Die Geschichte wiederholt sich. Die Einsicht in unsere Muster und Zyklen macht uns auch klar, durch welches Verhalten wir glücklicher oder unglücklicher werden.

Udo: Ein Schicksalswandel

Als Udo 21 Jahre alt war, ging er mit seinem Großvater, einem pensionierten Koch, gerne angeln. Damals hatte er keine Ahnung, was er mit seinem Leben anfangen

Udo

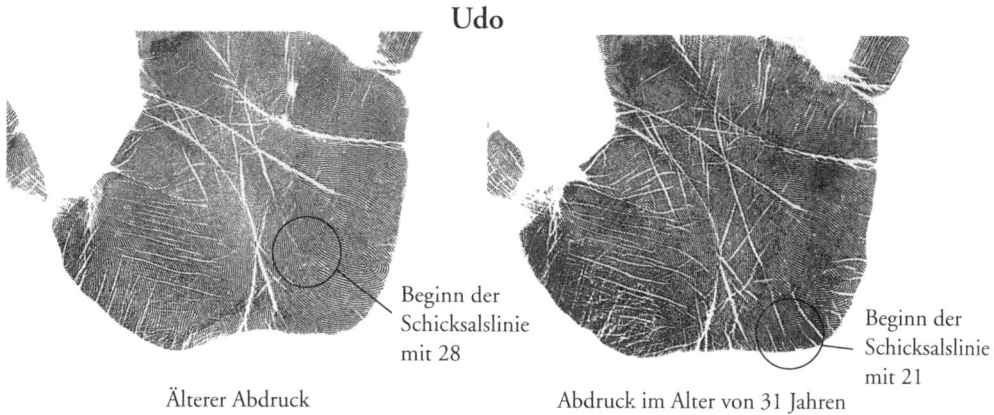

Beginn der Schicksalslinie mit 28

Älterer Abdruck

Beginn der Schicksalslinie mit 21

Abdruck im Alter von 31 Jahren

Udos Schicksalslinie hat ihren Ursprung vorverlegt!

sollte. Manchmal schlug sein Großvater ihm vor, ein Restaurant zu eröffnen; aber er nahm diese Anregung nie ernst. In den nächsten sieben Jahren hatte er zahllose Jobs. Als er 28 war, bot sich ihm die Chance, Koch zu werden, und er arbeitete drei Jahre in einem Restaurant. Dabei entdeckte er, dass er als Koch großes Talent hatte, und im Alter von 31 Jahren eröffnete er sein eigenes Restaurant.

Ein Handabdruck im Alter von 31 Jahren zeigt, dass die Schicksalslinie bei 21 Jahren beginnt, nicht bei 28 Jahren wie früher. Jetzt weiß Udo, dass die Idee, Restaurantbesitzer zu werden, schon im Alter von 21 Jahren bei ihm angelegt war.

Mit 28 Jahren hätte er seine Entscheidung vielleicht für Zufall gehalten. Natürlich hatte er die Angelausflüge nicht ungeschehen gemacht; sie wurden nur abgelegt und vergessen. Drei Jahre später, als er 31 war, erkannte er, welchen Einfluss sein Großvater auf ihn gehabt hatte. Und sobald er sich an das Ereignis erinnerte, tauchte es als Linie auf.

Die Kunst der Vorhersage

Die Handlinien unterrichten uns über derzeitige Tendenzen, frühere Verhaltensmuster und Zukunftserwartungen. Sie sagen uns also, ob es uns gelingt, unser Potenzial zu nutzen und unsere Ziele zu erreichen.

Wer in jungen Jahren viel Geld im Lotto gewinnt, hat nicht unbedingt finanzielle Sicherheit erworben. Wenn er die Hauptsumme verbraucht, anstatt sie klug anzulegen, verliert er womöglich alles, was er hat. Wir können eine starke Schicksalslinie haben; aber wenn wir sie nicht fördern, kann sie wieder verschwinden.

Wie beeinflusst die Kenntnis der Vergangenheit unsere Zukunft?

Was wir heute sind, entscheidet darüber, was wir morgen sein werden. Und heute sind wir, was wir gestern waren. Die Gegenwart ist also sowohl mit der Vergangenheit als auch mit der Zukunft verknüpft. Wenn wir unser Kapital nicht investieren, also positive Entwicklungen nicht fördern, verlieren wir in der Zukunft alles, was wir in der Vergangenheit verdient haben.

Mozart war schon im Alter von vier Jahren ein musikalisches Wunderkind. Vermutlich hatte seine Schicksalslinie in seinem vergangenen Leben sehr starke Wurzeln geschlagen, so dass er im folgenden Leben nicht lange brauchte, um sein Talent wiederzuentdecken.

Die Handdeutung legt großen Wert auf den Kontakt mit der Vergangenheit. Wir müssen frühere Gewohnheiten kennen, die zu unserer heutigen Situation geführt haben.

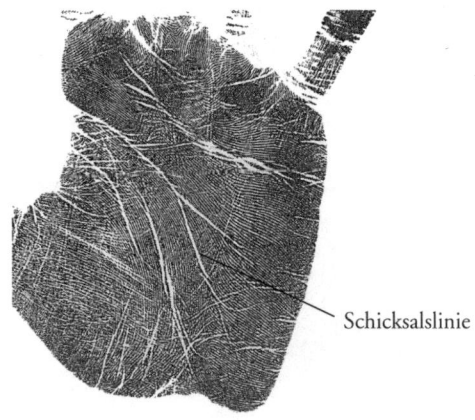

Schicksalslinie

Beachten Sie, dass die Schicksalslinie an der Kopflinie endet. Das kann sich ändern, wenn die Bewusstheit zunimmt.

Die derzeitigen Muster weisen ihrerseits auf die Zukunft hin. Gewohnheiten lassen sich nicht leicht überwinden, aber alte Trends können wir ändern. Wir können lernen, jene Tendenzen zu stärken, die wir entwickeln wollen, und jene zu unterbinden, die uns schaden.

Die Menschen blicken zu oft in die Zukunft oder schwelgen in der Vergangenheit, anstatt in der Gegenwart zu leben. Aber die Gegenwart entscheidet darüber, ob wir unser Kapital gut anlegen oder verschwenden. Die Linien der inaktiven Hand halten fest, ob unser Bewusstsein klarer wird. Wenn die Linien auf beiden Händen gleich ausgeprägt sind, kennen wir unsere Wurzeln. Linien, die auf der aktiven Hand vorhanden sind, aber auf der inaktiven fehlen, lassen darauf schließen, dass sich durch bewusste Anstrengung in diesem Leben neue Muster bilden.

Der Ursprung einer Linie verrät uns die Ursache eines Trends. Das Ende einer Linie ist die Wirkung. Wenn wir die Ursache und die Wirkung kennen, haben wir also die Macht, eine Linie zu ändern. Sobald uns bewusst ist, wie wir zu dem geworden sind, was wir heute sind, spiegeln die Handlinien das erweiterte Bewusstsein wider. Der Anfang einer Linie ändert sich dann, weil wir mehr Einsicht in die Vergangenheit haben. Dadurch kann sich unsere Einstellung zur Zukunft ändern und infolgedessen auch der Endpunkt einer Linie. Wenn wir die Vergangenheit und die Zukunft neu bewerten, reagieren die Handlinien darauf.

Wichtig ist, dass wir keine Voraussagen machen, damit wir uns nicht ständig um die Zukunft sorgen und darüber die Gegenwart vernachlässigen. Aber vergangene Trends können wahrscheinliche Entwicklungen ent-

hüllen. Eine Schicksalslinie, die an der Kopflinie abrupt endet, sagt zuverlässig „voraus", wohin falsches Denken führen kann: dass wir demnächst arbeitslos werden. Wenn wir uns dieses negativen Charakterzuges bewusst sind, können wir unser Denken und damit auch unsere Zukunft ändern. Das spiegelt sich dann auf der Hand wider, denn die Schicksalslinie wächst über die „reparierte" Kopflinie hinaus.

Die Evolution wird oft als lineare Entwicklung von der Vergangenheit über die Gegenwart in die Zukunft missverstanden. Wenn wir uns die Evolution als bewusstes Leben in der Gegenwart vorstellen, beeinflusst unser erweitertes Bewusstsein sowohl die Vergangenheit als auch die Zukunft wie eine Welle auf dem Wasser.

Beide Hände müssen ein Ereignis bestätigen

Die inaktive Hand ist der Schatten der aktiven. Wir müssen beide Hände untersuchen, um Hinweise auf wichtige Ereignisse oder Merkmale zu finden.

Nehmen wir Maurice als Beispiel (siehe Seite 78–80), der zunächst die linke, dann die rechte Hand als aktive Hand benutzte. Im Alter von 38 Jahren hatte Maurice einen Schlaganfall, verbunden mit einem Empfindungsverlust. Er ließ eine Tomographie machen und suchte viele Fachärzte auf, die aber nur vermuten konnten, was geschehen war; denn sie stellten keine körperlichen Schäden fest. Auf Maurices aktiver Hand sehen wir bei 38 Jahren eine lange, klare Kopflinie, auf der inaktiven Hand aber eine Insel auf dieser Linie, die eine Blockade symbolisiert.

Wäre die linke Hand die dominierende gewesen, wären die Folgen der Insel ernster und wahrscheinlich auch medizinisch feststellbar gewesen. Da er jedoch Rechtshänder war, spürte er eher einen Phantomeffekt. Alle Befunde auf der aktiven Hand müssen von der inaktiven bestätigt werden.

Wir können zum Beispiel auf der inaktiven Hand eine Sonnenlinie haben, die auf der aktiven Hand fehlt. Talent ist in latenter Form vorhanden; aber wir müssen uns des Potenzials bewusst werden, das wir unbewusst spüren, damit es sich auf der aktiven Hand manifestiert. Ist die Sonnenlinie nur auf der aktiven Hand zu sehen, arbeiten wir daran, unsere Begabung zu entwickeln; sie ist eine neue Erfahrung, die gefördert werden muss.

Maurice

Inaktive (früher aktive) Hand   Aktive (früher inaktive) Hand

Beachten Sie die Insel auf der Kopflinie der inaktiven linken Hand.

Zum Schluss

Ideale Hände:
Eine Technik zur Visualisierung

Jeder Mensch ist einzigartig, wie die Linien und Zeichen auf den Händen zeigen. Die Hände spiegeln unsere Individualität und unsere Reise durchs Leben wider. Unsere schwerste Aufgabe besteht darin, ein ausgewogenes Leben zu führen. Unser Streben nach Gleichgewicht wird unaufhörlich von den universellen Kräften der Anziehung und Abstoßung beeinflusst. Darum brauchen wir einen Wegweiser durch diese Extreme.

In der Natur gibt es Zyklen und Muster, die Harmonie ausdrücken. In der Morgen- und Abenddämmerung verschmelzen Licht und Dunkelheit. Dann gibt es keine Gegensätze mehr, und die Natur verharrt neutral im großen Strom der Polaritäten. Als Teil der Natur können auch wir neutral sein. Wir müssen nur einen Zustand herbeiführen, der dieses Gleichgewicht widerspiegelt.

In der esoterischen Handlesekunst sind die idealen Hände die Schablone, die Ausgewogenheit widerspiegelt. Die idealen Linien und Zeichen auf beiden Händen symbolisieren Harmonie und weisen auf die körperlichen, seelischen und geistigen Qualitäten hin, nach denen wir letztlich alle streben. Wenn wir sie erreichen, sind wir auf die unendlichen Möglichkeiten des Geistes eingestimmt und haben das Beste aus uns gemacht. Auf der inaktiven Hand (dem Symbol des Unbewussten) können zum Beispiel positive Merkmale zu sehen sein, etwa ein Stern auf der Sonnenlinie. Er deutet an, dass wir Selbstsicherheit und Erfolg auf der aktiven Hand verwirklichen wollen. Die aktive Hand weist vielleicht auf negative Denk- und Verhaltensmuster hin, die wir gerne überwinden würden: beispielsweise ein Saturnring, der für negatives Denken und Pessimismus steht. Oder wir finden Weisheitszeichen auf den Bergen einer Hand – senkrechte Linien, Dreizacke oder Flaggen. Diese Zeichen möchten wir auf beiden Händen sehen, das heißt, wir wollen bewusst an unseren Talenten arbeiten. Wenn wir das Beste aus unserer Vergangenheit und Gegenwart mit unseren guten Vorsätzen und unserer Zukunftsvision verbinden, schnitzen wir eine Schablone unseres idealen Ichs.

Visualisieren Sie Ihre idealen Hände

Die folgende Übung hilft Ihnen, positive Eigenschaften zu fördern und negative abzulegen. Wir alle haben unerwünschte Neigungen, die als Linien und Zeichen auf den Händen sichtbar werden und falsches oder unproduktives Denken entlarven. Wenn Sie ideale Hände visualisieren, können Sie solche Muster auflösen und eine Blaupause aus neuen, nützlichen Mustern herstellen. Darauf konzentrieren Sie sich, um das Gleichgewicht im Denken und Handeln zu fördern.

Es ist wenig sinnvoll, sich längere oder kürzere Finger auszumalen. Aber wenn Sie eine ausgewogene neue Hand visualisieren, deren Finger weder zu kurz noch zu lang sind, entwickeln Sie Qualitäten, die mit solchen Fingern einhergehen, und erzeugen neue Denkmuster.

Billy ist Linkshänder. Die Herzlinie und die Kopflinie auf der aktiven Hand sind stark, die Lebenslinie ist gut gerundet. Auf der inaktiven Hand hat er eine kürzere Herzlinie, die sich zur Kopflinie krümmt, und eine diagonale Lebenslinie. Die Kopflinie ist gut positioniert und ähnelt ihrem Gegenstück auf der aktiven Hand. Wenn Billy sich seine ideale Hand vorstellt, visualisiert er, wie die kurze Herzlinie der inaktiven (das Unbewusste symbolisierenden) Hand wächst und die Entschlusskraft der Herzlinie auf der aktiven Hand widerspiegelt, die besser zur Kopflinie passt.

Billy wünscht sich ein harmonisches Leben, wie die gerundete Lebenslinie auf der aktiven Hand es andeutet. Aber er kann leicht in alte Gewohnheiten zurückfallen, denn er ist immer noch widerspenstig, lehnt ab, was gut für ihn ist, und scheut die Gesellschaft von Freunden, die ihm helfen wollen. Diese Tendenzen enthüllt die diagonale Lebenslinie auf der inaktiven Hand. Um Rückfälle zu verhindern und seine guten Vorsätze zu fördern, kann er eine gerundete Lebenslinie, welche die diagonale Linie überlagert, visualisieren.

Außerdem sind der negative Marsberg und der Mondberg bei Billy unterentwickelt. Die Berge sind das Fundament der Hand, und wenn Billy besser ausgeprägte Berge visualisiert, kann er die Energie des negativen Marsberges anzapfen und vom Selbstvertrauen des Mondberges profitieren.

Obwohl Herz-, Kopf- und Lebenslinie gut entwickelt sind, hat Billy Schwierigkeiten, seine großen unbewussten Fähigkeiten zu nutzen. Das zeigen die schwächeren Nebenlinien. Wenn er kräftigere Schicksals-, Sonnen- und Merkurlinien visualisiert, kann er lernen, von seinen Talenten besser Gebrauch zu machen. Der Gürtel der Venus auf der inaktiven Hand bestätigt, dass Billy ein sehr empfindsamer Künstler ist. Aber diese Linie fehlt auf der aktiven Hand, und das zeigt, dass er seelisch robuster werden muss, damit er auch Kritik ertragen kann. Außerdem darf er das Leben nicht als Folge mechanischer Abläufe betrachten, weil das seinem natürlichen Sinn für Ästhetik widerspricht.

Wenn Billy einen runderen und auf beiden Händen gleich starken Venusgürtel visualisiert, kann er lernen, seine Empfindsamkeit in schöpferische Bahnen zu lenken und anderen Freude zu bereiten. Später sollte er sich auch längere Fingerglieder vorstellen, um seine guten Vorsätze zu unterstützen. An beiden Daumen sind die

Billy

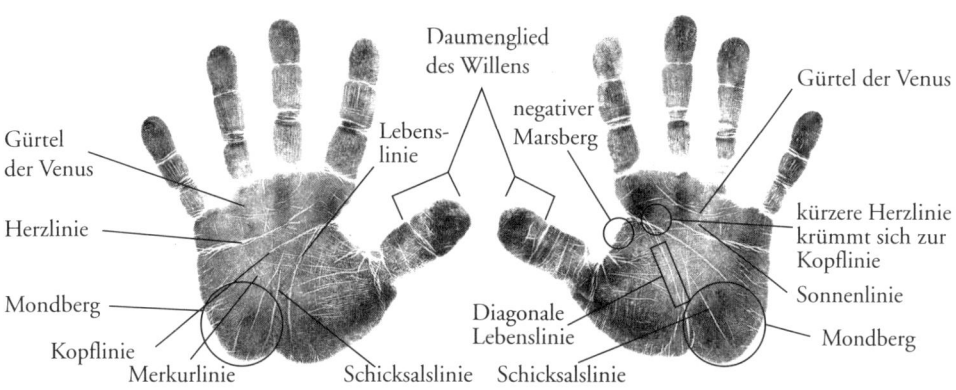

Gürtel
der Venus

Herzlinie

Mondberg

Kopflinie

Merkurlinie

Lebens-
linie

Daumenglied
des Willens

negativer
Marsberg

Gürtel der Venus

kürzere Herzlinie
krümmt sich zur
Kopflinie

Sonnenlinie

Mondberg

Diagonale
Lebenslinie

Schicksalslinie   Schicksalslinie

Aktive linke Hand   Inaktive rechte Hand

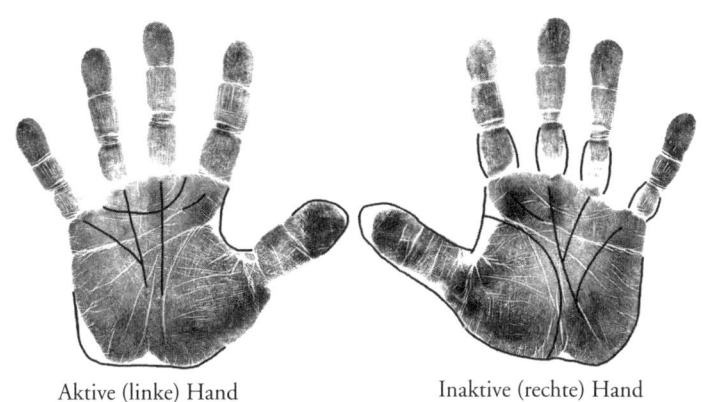

Aktive (linke) Hand   Inaktive (rechte) Hand

*Billy könnte ideale Linien visualisieren (auf den unteren Abdrucken schwarz),
um Defizite auszugleichen.*

Logikglieder länger als die Willensglieder. Wenn Billy besser entwickelte Willensglieder visualisiert, kann er seine Gedanken in die Tat umsetzen.

Die „idealen Hände" sind auch für Sie eine Möglichkeit, die linearen Grenzen von Zeit und Raum zu überschreiten. Sie können lernen, Körper, Geist und Seele in diesem Leben zu entwickeln, und brauchen nicht auf die nächste Reinkarnation zu warten. Die ideale Hand ist ein alternativer Weg in der Gegenwart, der geradewegs zur Vollkommenheit durch Harmonie führt. Das einzige Hindernis sind Sie selbst und Ihre begrenzten Vorstellungen davon, was Sie im Leben erreichen können. Visualisieren Sie auf beiden Händen ideale Linien, welche die alten Linien überlagern. Auf diese Weise können Sie die positiven Eigenschaften fördern, die diese Linien symbolisieren.

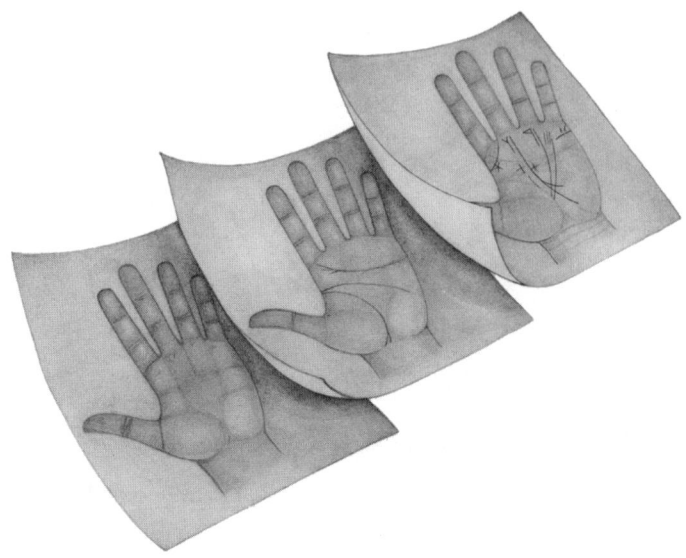

Die drei Ebenen des Bewusstseins

Wichtige Tipps
für das Visualisieren

Wenn Sie die Schablone für Ihre idealen Hände bestimmen, können Sie in diesem Kapitel nachschlagen, wonach Sie Ausschau halten sollten.

Die fundamentalen Elemente der Handfläche – Berge, Haupt- und Nebenlinien sowie Zeichen der Weisheit oder Hindernisse – gleichen aufeinanderliegenden Schichten. Ähnlich wie das chinesische Yin-Yang Symbol der Dualität spiegelt jedes Merkmal der Hand verschiedene Grade von Yin (unterentwickelt) oder Yang (überentwickelt) wider. Auf der idealen Hand befinden sich Yin und Yang in Harmonie.

Die Berge

Als erste Schicht bilden die Berge das Land, auf dem die Linien sich hinziehen. Darum ist es wichtig, die Eigenschaften jedes Berges und das Zusammenspiel aller Berge zu kennen.

• **Temperatur:** Untersuchen Sie nicht nur die Entwicklung jedes Berges (Länge, Breite und Höhe), sondern auch seine Temperatur. Jeder Berg sollte warm sein, nicht heiß oder kalt. Zuviel Hitze spricht für zuviel Yang und die Notwendigkeit, entspannter zu werden. Ein kalter Berg ist ein Indiz für zuviel Yin, für eine Hemmung, deren Ursache ein Schock oder Enttäuschung sein kann.

• **Konsistenz:** Wenn Sie auf einen Berg drücken, sollte er ein wenig nachgeben. Er darf weder zu hart noch zu weich sein. Harte Berge lassen auf zuviel Yang schließen – wir sind derart beschäftigt, dass wir keine Muße mehr haben. Weiche Berge weisen auf zuviel Yin und auf Energiemangel hin. Wir sind freundlich und sanft, neigen aber zum

Die Prüfung der Konsistenz

Zaudern. Zwar sind wir bereit, von anderen Hilfe anzunehmen, müssen aber lernen, unsere Lethargie zu überwinden und aktiver und ausdrucksvoller zu werden.

• **Textur:** Die oberste Hautschicht der Hände hat feine Rillen, deren Tiefe und Breite uns sagen, ob das Gewebe grob, normal (ausgewogen) oder sehr fein ist. Eine grobe Textur (zuviel Yang) spricht für ein „Typ-A-Verhalten". Wir sind aktiv und erreichen viel; aber in unserer Begeisterung achten wir zu wenig auf die Gefühle anderer Menschen. Das müssen wir noch lernen.

Eine sehr feine Textur (zuviel Yin) zeigt, dass wir vor allem von Gefühlen beherrscht werden; und wenn diese uns überwältigen, reagieren wir zu subjektiv. Wir müssen uns eine „dickere Haut" zulegen und dürfen die Dinge nicht so ernst nehmen.

• **Farbe:** Die Farbe der Hände gibt Auskunft darüber, ob wir angesichts der Probleme im Leben im Gleichgewicht bleiben. Ein roter Berg verrät zuviel Hitze (Yang) und spricht für eine übertriebene Reaktion auf Ereignisse. Ein weißer Berg (Yin) zeigt, dass uns tatkräftige Reaktionen schwer fallen. Ist ein Berg rosa, reagieren wir angemessen, so wie Stephen Covey es in seinem Buch „The Seven Habits of Highly Effective People"* empfiehlt.

Weisheits- oder Hinderniszeichen

Wenn die Berge ausgewogen sind, was Breite, Länge, Höhe, Temperatur, Konsistenz und Farbe anbelangt, haben wir genügend Objektivität, Kraft und Empfindsamkeit, um Linien und Zeichen der Weisheit zu entwickeln.

---

* Stephen Covey, *The Seven Habits of Highly Effective People;* New York, Fireside, 1989, S. 65

Grobe Textur

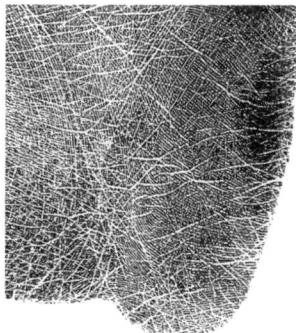

Sehr feine Textur

Ausgewogene Textur

Die Textur hilft, die Eigenschaften der Berge zu bestimmen.

Schwerer wird es, wenn die Berge unausgewogen sind. In diesem Fall können Störlinien und Hindernisse vorherrschen. Falsches Denken, Subjektivität und negative Einstellungen, deren Ursache unerfüllte Wünsche sein können, lösen Reibungen und Missklänge aus. Wenn es auf einem Berg kein Zeichen für Aktivität gibt, sind wir uns unseres Potenzials noch nicht bewusst. Denken Sie daran, was die ideale Hand bedeutet: Wir müssen abbauen, was zu stark (Yang) ist, und fördern, was zu schwach (Yin) ist.

• **Zeichen der Weisheit:** Kreuze, Quadrate, Diamanten und Sterne an der Öffnung des Rechtecks zum Jupiterberg sowie der Salomonring (der Bogen auf dem Jupiterberg) sind positive Zeichen. Eine senkrechte Linie auf dem Saturnberg – die Wahrheitslinie – ist ebenfalls günstig. Eine einzelne senkrechte Linie oder ein Stern auf dem Sonnenberg verspricht Erfolg. Drei parallele senkrechte Linien auf dem Merkurberg – die Stigmata der Heilung – symbolisieren echte Fürsorglichkeit.

• **Hindernisse:** Waagrechte Striche oder Gitter stören die positive Energie eines Berges. Wir sind enttäuscht und können das Potenzial des betreffenden Lebensbereiches nicht verwirklichen. Wenn Temperatur, Konsistenz, Textur oder Farbe der Berge ungleichmäßig sind, ist der Fortschritt ebenfalls behindert. Prüfen Sie jeden Berg, um solche Disharmonien aufzuspüren.

• Kreuze, Sterne oder Gitter auf dem Saturnberg sind ungünstige Zeichen, die auf Streit und Spannungen hinweisen.

• Ein kalter Mondberg braucht mehr Wärme. Wir nehmen andere Leute zu ernst und müssen uns mehr auf unsere schöpferischen Impulse konzentrieren. Gefühle enthalten Energie, die wir nutzen können, um unsere Ideen in die Tat umzusetzen: Wir können musizieren, Kochkünste entfalten oder den Garten verschönern. Wenn wir stagnieren (zuviel Yin), wird dieselbe Energie gefährlich. Denken Sie daran, dass Gefühle nicht nur edle und schöpferische Ideen, sondern auch Sorgen, Furcht und Enttäuschung hervorbringen können. Wir können aber lernen, Gedanken zu überwinden, die unsere Stabilität untergraben, und stattdessen unsere Empfindsamkeit kreativ nutzen.

• Ein harter Venusberg fordert uns auf, uns zu entspannen. Manchmal geraten wir außer Atem. Wir haben viel erreicht, müssen aber auch regelmäßig Pausen einlegen.

• Wenn der positive Marsberg eine Weile eingedellt bleibt, nachdem wir darauf gedrückt haben, brauchen wir mehr mentale Ausdauer und Geduld. Wir sollten lernen, Aufgaben, die wir übernommen haben, vollständig zu lösen. Dadurch nimmt unser Selbstvertrauen zu, und wir können noch größere Verantwortung tragen.

• Ein auffallend roter Marsberg mit einem Stern symbolisiert zuviel Yang. Vielleicht neigen wir im Umgang mit anderen Menschen zu Überreaktionen und lösen Streit aus, anstatt nach Einigkeit und Verständnis zu streben. Um unser Temperament zu zügeln, sollten wir täglich zehn Gläser Wasser langsam trinken und Personen oder Situationen meiden, die uns aus dem Gleichgewicht bringen. Friedliche Filme anschauen, inspirierende Bücher lesen, uns ausgewogen ernähren und auf stimulierende Speisen und Getränke verzichten. Und wenn das Blut trotzdem einmal kocht, zählen wir bis zehn und entfernen uns. Sobald wir uns beruhigt haben, sind wir objektiver und eher bereit zu diskutieren.

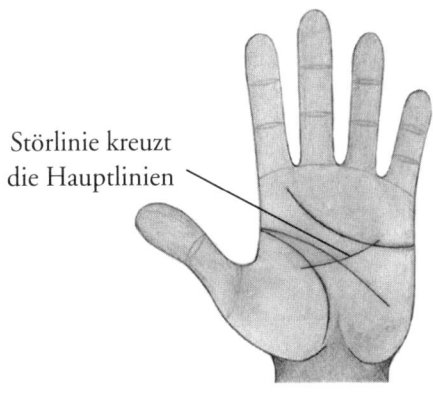

Störlinie kreuzt
die Hauptlinien

*Störlinien, welche die Hauptlinien kreuzen,
symbolisieren Hindernisse.*

• Wenn der Venusberg zu flach ist, lassen
wir die Schultern sinken. Wir sollten auf-
recht stehen und tief vom Zwerchfell aus
atmen. Eine wichtige Arterie läuft durch
den Venusberg, und wenn dieser Berg zu
hart oder eingedellt ist, müssen wir ihn
durch Yoga, tiefes Atmen, Spaziergänge und
Revitalisierung aufbauen. Wir müssen lernen, Gefühle spontan auszudrücken, denn
Hemmungen können die Durchblutung

dieser Arterie und des ganzen Organismus
behindern, so dass die Zellen zuwenig
Nährstoffe erhalten und ihre Schlacken
nicht loswerden. Wir sollten einen stärkeren, runden und robusten Venusberg visualisieren.
• Wenn der Mondberg niedriger ist als der
Venusberg, können wir einen runderen
Mondberg auf unsere ideale Hand zeichnen und einen starken Berg visualisieren.
Alles beginnt in der Vorstellung, die der
Mondberg symbolisiert. Wenn der Berg zu
Yin-lastig ist, müssen wir ihn entwickeln.
Stärken Sie Ihre Phantasie, und üben Sie
das Visualisieren. Versuchen Sie, das Gute
zu sehen. Denken Sie positiv, und seien Sie
dankbar. Betrachten Sie das Glas als halb voll,
nicht als halb leer. Scheuen Sie Herausforderungen nicht – Sie können viel daraus lernen, und später wird es Ihnen leid tun, wenn
Sie nicht das Beste daraus gemacht haben.
Zeichnen Sie Ihre Hand so, wie sie sein soll,
und legen Sie die Zeichnung auf den Nacht-
tisch, damit Sie ihnen ins Auge fällt, wenn
Sie aufstehen oder schlafen gehen. Visuali-

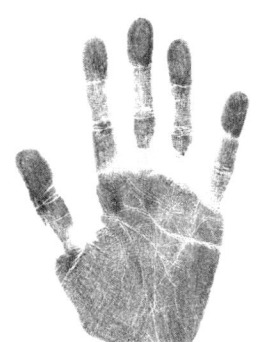

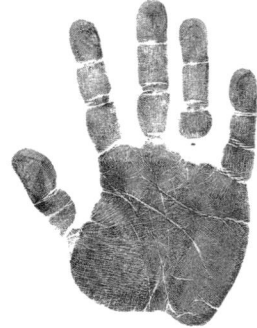

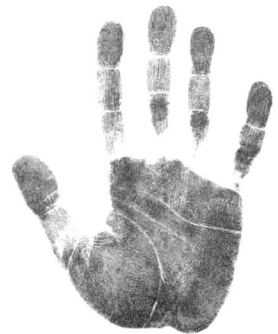

Dominierende Herzlinie   Dominierende Kopflinie   Dominierende Lebenslinie

*Auf der idealen Hand sind die Hauptlinien ausgewogen. Auf diesen Abdrucken dominiert jeweils
eine Linie die beiden anderen.*

sieren Sie, wie Ihre Hand sich verändert und zu einer idealen Hand wird.

Ausgewogene Hauptlinien

Alle drei Hauptlinien sollten gleich tief und lang sein und nicht von Störlinien gekreuzt werden. Trifft das auf Ihre Linien zu? Wenn nicht, visualisieren Sie den Idealzustand.

Sehen Sie sich die Abbildung auf der folgenden Seite an. Auf dem ersten Abdruck ist die Herzlinie im Vergleich zur Kopf- und Lebenslinie überentwickelt. Auf dem mittleren Bild ist die Kopflinie stärker entwickelt als die Herz- und die Lebenslinie. Und auf dem dritten Abdruck ist die Lebenslinie am stärksten.

• **Dominierende Herzlinie:** Sind Sie zu emotional? Handeln Sie nach Ihren Gefühlen, ohne an die Folgen zu denken? Geben Sie Ihrem Kind zu viele Süßigkeiten, obwohl Sie damit seine Zähne schädigen? Wenn ja, zeichnen Sie mit schwarzem Filzstift eine stärkere Kopflinie auf Ihren Handabdruck. Visualisieren Sie, wie die Kopflinie tiefer wird und Ihre Impulsivität und Sorglosigkeit dämpft.

• **Dominierende Kopflinie:** Unterdrücken Sie Ihre Gefühle? Sind Sie manchmal zu vernünftig und pragmatisch? Dann müssen Sie lernen, Ihren Gefühlen zu vertrauen und sie zu äußern. Seien Sie großzügig zu Ihrem Herzen, selbst wenn Ihr allzu kritischer Verstand zu Vorsicht mahnt. Zeichnen Sie eine Herzlinie, die gleich lang und stark ist wie die Kopflinie, und visualisieren Sie, wie sie tiefer und länger wird. Innerhalb einer Woche wird Ihr Leben sich ändern.

• **Dominierende Lebenslinie:** Wenn Ihre Lebenslinie am stärksten ist und Sie die Herz- und die Kopflinie entwickeln möchten, visualisieren Sie diese beiden Linien

gleich stark wie die Lebenslinie. Eine starke Lebenslinie, die von den anderen Hauptlinien nicht unterstützt wird, bedeutet, dass Sie nicht wissen, was Sie mit Ihrer Vitalität anfangen sollen. Dadurch werden Sie zu einem schwankenden Mast im Wind und vergeuden Ihre Energie.

Die Nebenlinien

Wie bereits erwähnt, symbolisieren drei Nebenlinien das Bewusste. Sie zeigen, dass wir uns der unbewussten Schätze der Hauptlinien bewusst sind und sie nutzen können. Es gibt viele Nebenlinien; aber wir wollen uns hier auf die Schicksals-, Sonnen- und Merkurlinie beschränken.

• **Die Schicksalslinie:** Die Schicksalslinie bestätigt, dass wir einen Platz haben, an dem wir unser Herz ausschütten können, ein Ziel, auf das wir uns konzentrieren können, und einen Grund zum Leben, so dass wir jeden Morgen gerne aufstehen. Ohne Lebensziel gleichen wir einem entgleisten Zug. Wenn die Schicksalslinie an der Kopf- oder Herzlinie endet, können wir eine längere Linie visualisieren, damit kein falscher Grund und kein subjektives Gefühl uns von unserem Ziel abbringt.

• **Die Sonnenlinie:** Neben der Schicksalslinie läuft die Sonnenlinie oder Linie der Erfüllung. Eine starke Schicksalslinie zeigt, dass wir ein Lebensziel haben. Dennoch suchen wir vielleicht nach Erfüllung. Die Sonnenlinie ist ein Indiz dafür, dass wir lieben, was wir tun, dass wir nicht mechanisch oder halbherzig arbeiten und dabei von anderen Dingen träumen. Wir arbeiten mit Hingabe. Wir wissen, dass wir unsre Existenz der Liebe des Schöpfers verdanken. Liebe ist ein Magnet, und darum zieht die Sonnenlinie Gutes an. Wenn sie fehlt, können Sie sie auf Ihrer idealen Hand einzeichnen und visualisieren, wie sie wächst. Werden Sie sich Ihres Lebensziels und Ihrer Fähigkeiten bewusst. Haben Sie Ihr Potenzial wirklich voll genutzt? Handeln Sie bewusst. Wenn Sie lieben, was Sie tun, entwickelt sich Ihre Sonnenlinie.

Wenn die Schicksals- und die Sonnenlinie so tief wie die Herz-, Kopf- und Lebenslinie sind, spiegeln sie Harmonie auf allen Ebenen unserer Existenz wider – Körper, Geist und Herz. Dennoch müssen wir gegen Versuchungen kämpfen, die uns von unserem Ziel ablenken wollen und dürfen uns nicht an die Früchte unseres Tuns klammern.

Ein berühmter Filmstar ist vielleicht enttäuscht, wenn seine Fans einem anderen zujubeln. Was er ursprünglich aus Freude, Inspiration und Liebe tat, tut er jetzt, um belohnt und anerkannt zu werden. Früher war dieser Star frei, weil er nichts erwartete.

• **Die Merkurlinie:** Die Merkurlinie bestätigt, dass wir nicht am Lohn unserer Bemühungen haften. Wir bleiben gelassen, wenn man uns kritisiert, und wir verlieren nicht unseren Humor. Unsere Arbeit ist für uns der wahre Lohn; darum brauchen wir kein Lob. Wenn ein Wissenschaftler nach einem Heilmittel sucht, denkt er nicht an den Nobelpreis; andernfalls könnte er sich nicht voll auf seine Arbeit konzentrieren, und ein Erfolg wäre weniger wahrscheinlich.

Die Merkurlinie heißt auch Buddha-Linie. Gautama Buddha suchte nach wahrer Freude im Leben und entdeckte, dass wir Frieden und Glück nur in unserem Inneren finden. Alles Äußere ist endlich und vergänglich. Diese Linie sehen wir auf der Hand großer Erzähler, deren Werke uns derart fesseln, dass wir uns selbst vergessen.

Die Merkurlinie transzendiert Zeit und Raum. Menschen mit einer starken Merkurlinie lassen uns vergessen, dass wir hungrig oder müde sind oder dass wir uns eben noch gestritten haben. Was andere in einer Stunde leisten, erledigen sie im Handumdrehen. Diese Linie verhindert, dass wir uns vom Leben und von unserer Umwelt niederdrücken lassen. Ein Wissenschaftler kann zehn Stunden konzentriert und voller Freude arbeiten, ohne sich von körperlichen Bedürfnissen, Gedanken oder Gefühlen ablenken zu lassen. Die Merkurlinie zeigt, dass wir nicht an dem Lohn haften, den unsere Hingabe – symbolisiert durch die Sonnenlinie – uns verschafft. Wenn Sie freier werden und sich entfalten wollen, sollten Sie visualisieren, wie diese Linie von der Lebenslinie abzweigt und über die Kopf- und Herzlinie hinauswächst, bis sie den halben Weg zum Merkurberg zurückgelegt hat.

Visualisieren Sie alle drei Nebenlinien – Schicksals-, Sonnen- und Merkurlinie – gut und gleichmäßig entwickelt.

Weitere Tipps für das Visualisieren

• **Weisheitszeichen auf jedem Berg:** Um die besten Eigenschaften der Berge zum Vorschein zu bringen, können Sie Weisheitszeichen auf jedem Berg visualisieren: einen Salomonring auf dem Jupiterberg, eine Wahrheitslinie auf dem Saturnberg, einen Stern auf dem Sonnenberg und drei Stigmata der Heilung auf dem Merkurberg. Ein gut geformtes Gitter auf dem Venusberg deutet auf Magnetismus und Harmonie hin.

• **Eine Schicksalslinie, die auf dem Mondberg beginnt,** zeigt, dass Sie mitfühlend sind und andere inspirieren können.

• **Bewusstes Beobachten:** Quantenphysiker diskutieren darüber, welchen Einfluss ein Beobachter auf das beobachtete Objekt hat. Rupert Sheldrake schreibt in seinem Buch „Seven Experiments That Could Change the World": „Wenn wir den Einfluss des Experimentators ernst nehmen, eröffnen sich viele Möglichkeiten – sogar die Möglichkeit, dass der Geist des Experimentators psychokinetische Fähigkeiten hat. Vielleicht ist der Geist auf der mikrokosmischen Ebene der Quantenphysik Herr über die Materie."* Ähnliche Gedanken äußert Michael Talbot in seinem Buch „Holographic Universe". Er nimmt an, „dass der Beobachter das Beobachtete beeinflusst".**

---

* Rupert Sheldrake, *Seven Experiments That Could Change the World;* New York, The Berkeley Publishing Group, 1995, S. 212 (dt. *Sieben Experimente, die die Welt verändern könnten;* München, Goldmann, 1997)

** Michael Talbot, *Holographic Universe;* New York, HarperCollins, 1991, S. 36-37

In diesem Buch geht es darum, die Linen der Hände zu verändern. Machen Sie einen Abdruck Ihrer Hand, und zeichnen Sie die Änderungen ein, die Sie sich wünschen. Betrachten Sie das Bild zweimal am Tag zehn Minuten lang. Experimentieren Sie selbst, und achten Sie darauf, was geschieht.

• **Der „Magnetstift":** Der Magnetstift wurde im Palmistry Center entwickelt. Er hilft Ihnen, die Linien zu stimulieren, die Sie entwickeln möchten, und löscht gleichzeitig Störlinien, die Ihnen Energie rauben. Dieser Stift basiert auf dem Gedanken, dass der Nordpol (positiv geladen) sich ausdehnt und der Südpol (negativ geladen) sich zusammenzieht und dass alles, was magnetisch ist, diese Eigenschaften hat. Eine Büroklammer ist beispielsweise nicht magnetisch: Sie kann eine andere Klammer nicht anziehen. Aber wenn man sie mehrere Male an einen Magneten legt, wird sie magnetisch und zieht andere Büroklammern an. Auf diese Weise magnetisiert der Stift die Linien auf den Händen und beschleunigt dadurch den Wandel, vor allem wenn Sie dabei positive Affirmationen sprechen, während Sie ideale Linien visualisieren.

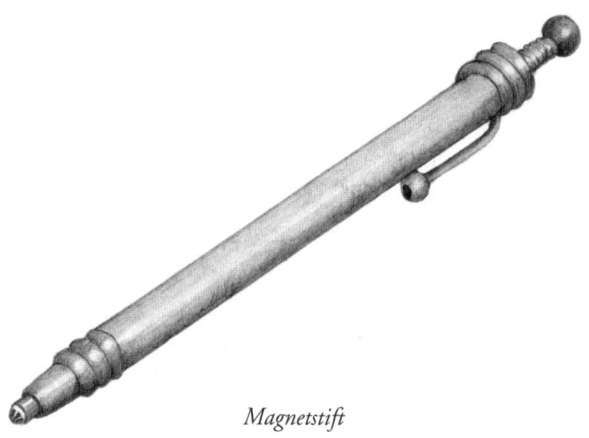

Magnetstift

Register

Über den Autor

Ghanshyam Singh Birla gründete 1972 das Nationale Forschungsinstitut für Selbsterkenntnis und das Zentrum für Handdeutung in Montreal. Dr. Birla hält viele Vorträge und hat zahlreiche Artikel über vedische Wissenschaften geschrieben, darunter *Love in the Palm of Your Hand* und *Magnettherapie*. Er ist in *Good Morning America* und im kanadischen Fernsehen aufgetreten. Vor kurzem gründete er auf einem 300 Morgen großen Seegrundstück in Chenville/ Quebec, ein internationales Institut für das Studium der Handlesekunst, der Astrologie und des Ayurveda.

Im ersten Buch, *Love in the Palm of Your Hand*, geht es hauptsächlich darum, wie wir liebevolle Beziehungen aufbauen und durch Arbeit an uns und unserem Magnetismus bessere Lebensbedingungen herbeiführen können.

Autorenkontakt und individuelle Handdeutung
If you would like to have a professional analysis of your hands, please contact the Palmistry Center. We are happy to provide individual assessments, as well as additional ones for a partner or friend. Also inquire about our School of Vedic Palmistry and Astrology.

The Palmistry Center
351 Victoria Ave.
Westmount, Quebec
Canada H3Z 2N1
Tel: 001 (514) 488-2292, Fax: 001 (514) 488-3822 (Durchwahl aus Europa)
E-mail: mailbox@palmistry.com, Website: www.palmistry.com

David Frawley

Die spirituelle Praxis des Vedanta

Meditationen für die spirituelle Entwicklung · Innere Stille im Tanz dynamischer Handlung

Eine verblüffend moderne Einführung in die wohl älteste – und dabei dauerhafteste – meditative Überlieferung der Welt: den Vedanta, das Herzstück und die Essenz der Veden, Indiens zu Recht gerühmten „direkten Pfad zur Erleuchtung". Dies ist ein überaus inspirierender Beitrag zum Verständnis der Prinzipien, die der Entwicklung und Erweiterung des menschlichen Bewußtseins zugrunde liegen. Die ebenso alten wie unvergänglichen meditativen Einsichten und Geheimnisse der Weisheit des Vedanta bieten eine Anleitung zur direkten Erfahrung unserer inneren Möglichkeiten und können sich als essentielle Praxis für die Probleme und Herausforderungen unseres modernen Lebens erweisen.

176 Seiten
ISBN 3-89395-412-6
www.windpferd.de

Marcus Schmieke

Vedische Astrologie in sieben Tagen

«Mit einfachen Analysen zu erstaunlichen Erkenntnissen» · Die Kraft günstiger Zeitpunkte für die materielle und spirituelle Entwicklung erkennen und nutzen

Ein komplettes Lehrbuch mit Astrologie-Programm auf CD-ROM.
Mit Hilfe des Vedischen Horoskops ist es möglich, im Buch der Zeit zu lesen, um dann die jeweils bestmögliche Entscheidung zu treffen. Planeten gelten dabei als Gottheiten, Botschafter kosmischer Qualitäten, mit beschützenden, aber auch herausfordernden Eigenschaften. Dieses Buch bietet erstmals eine sehr einfache und kompakte Darstellung der Vedischen Astrologie, die mit einem Bruchteil des üblichen Aufwandes zu umfassenden Ergebnissen führt.
Die Sonderedition mit CD-ROM enthält eine Software für PC's, mit der Vedische Horoskope ohne besondere astrologische Vorkenntnisse sofort berechnet werden können.

228 Seiten · CD-ROM
ISBN 3-89385-385-5
www.windpferd.com

Marcus Schmieke

Dein kosmischer Bodyguard

Vedische „Zaubermittel" schützen Körper, Geist und Seele vor Unglück und Gefahren

Die Wiederentdeckung dieser alten vedischen Lehre, die auf der Wirkung der Planeten beruht, enthält die Heilmittel für karmische Herausforderungen, die sich im Zeitpunkt der Geburt eines jeden Menschen spiegeln. Die entsprechenden "Zaubermittel", die vor Unglück und Gefahren schützen, sind die Kräfte der Edelsteine, Farben, Kavacas, Mantras und Yantras sowie tätiges Mitgefühl. Diese „Heilmittel" werden entsprechend des persönlichen Bodyguards ausgewählt und nach ganz bestimmten Regeln angewendet. Mit Hilfe dieser Methode ist es möglich, die negativen Kräfte karmischer Gegebenheiten zu transformieren, um in jedem Fall ein höchstmöglich erfolgreiches und glückliches Leben zu führen.

216 Seiten
ISBN 3-89385-378-2
www.windpferd.com

David Frawley

Das große Handbuch des Yoga und Ayurveda

Das Buch des vedischen Wissens. Der Weg der Selbstverwirklichung und der Yoga der Selbstheilung

Yoga und Ayurveda bilden gemeinsam eine starke Kraft, die zu optimaler Gesundheit und höherem Bewußtsein führt. Das große Handbuch des Yoga und Ayurveda enthüllt die geheimnisvollen Kräfte des Körpers, des Atems, der Sinne, des Geistes und der Chakras. Es zeigt, wie man mit richtiger Ernährung, Kräutern, Asanas, Pranayama und Meditation heilen kann. Dies ist das erste umfassende im Westen veröffentlichte Buch über das Zusammenspiel dieser außergewöhnlichen Energien. Yoga wie Ayurveda sind heute die im Westen am häufigsten praktizierten Erkenntnis- und Gesundheitswege. David Frawley genießt sowohl in Indien als auch im Westen ein hohes Ansehen als Kenner der Veden, des Ayurveda, der vedischen Astrologie und des Yoga.

320 Seiten
ISBN 3-89385-363-4
www.windpferd.com

Werner Giessing

Das richtige Pendeln

Das komplette Pendel-Handbuch. Formen, Materialien, Pendeltechniken, Rituale, Insidertips und Profiwissen

Dieses Buch zeigt alles in Farbe! Über 50 verschiedene Pendel und die wichtigsten Pendeltafeln:
Angefangen mit der Wahl des richtigen Pendels bis hin zum richtigen Pendeln, Material, Form, Größe, Handhaltung, Fragestellung. Es hilft häufige Anfängerfehler zu vermeiden, und hält wichtige Insider-Tips von Pendelprofis bereit. Hervorragend illustriert, werden Pendelformen, Materialien, Hand- und Körperhaltungen gezeigt und Pendeltafeln bereitgehalten, mit denen man sofort erste Erfahrungen machen kann. Mit diesem Buch erfährt man alles rund um das Pendel: Praxis, Hintergründe, Vorteile, Gefahren – damit das eigene Pendel zu einem treuen Begleiter wird, der immer dann, wenn er gebraucht wird, mit der richtigen Antwort zur Stelle ist.

80 Seiten
ISBN 3-89385-328-6
www.windpferd.com

Dr. David Frawley

Vom Geist des Ayurveda

Yogische ganzheitliche Medizin und ayurvedische Psychologie

Die letzten Jahre über hat man sich im Westen intensiv mit der ayurvedischen Naturheilkunde und dem dazugehörenden ayurvedischen Kochen beschäftigt – und ist nun bereit, tiefer einzutauchen in das dahinterliegende System vedischer und yogischer Psychologie. Hier öffnen sich neue Tore zum Verständnis.
„Vom Geist des Ayurveda" ist das erste Buch, das speziell die psychologischen Hintergründe dieses großartigen Systems beschreibt. Es zeigt, wie der Geist auf allen Ebenen geheilt werden kann, wobei Ernährung, Sinneseindrücke, Mantren, Meditation, Yoga ... eine wichtige Rolle spielen.
Dr. David Frawley ist eine Kapazität auf dem Gebiet vedischer Wissenschaften und yogischer Spiritualität. Seine Arbeiten umfassen Ayurveda, vedische Astrologie, Yoga, Tantra, Vedanta sowie die Veden.

288 Seiten
ISBN 3-89385-304-9
www.windpferd.com